Un abrazo al corazón

MILLENIUM

Adriana Páramo Moguel

Un abrazo al corazón

VERGARA

México · Barcelona · Bogotá · Buenos Aires · Caracas · Madrid
Montevideo · Miami · Santiago de Chile

Un abrazo al corazón

Primera edición, abril 2012

D.R. © 2012, Adriana Páramo Moguel
D.R. © 2012, Ediciones B México, S. A. de C. V.
    Bradley 52, Anzures DF-11590, MÉXICO
    www.edicionesb.mx
    editorial@edicionesb.com

ISBN 978-607-480-306-8

Impreso en México | *Printed in Mexico*

Para Jorge, Adriana y Diego.
Sandra Reyes y Pedro Reyes

Agradecimientos

Al maestro Pedro I. Calderón Bretón por su apoyo y confianza a este proyecto de calidez humana.

Introducción

¡Hoy es un buen día para celebrar tu vida! Que tú y yo estemos teniendo esta conversación no es una casualidad. Todos los seres humanos tenemos millones de razones para ser como somos, pero también tenemos muchos motivos para cambiar.

Los primeros años son trascendentales en la formación de una persona, la reacción ante los eventos y logros que tendrá a lo largo de su vida adulta depende de la estructura emocional que desarrolle.

Alrededor de los dos años de edad nos damos cuenta que somos individuos y empezamos a experimentar el mundo. La falta de atención, cariño y cuidados, hace que sintamos que no somos suficientemente buenos, que no valemos y no merecemos nada, esto nos hace sentir culpables, con una especie de vacío existencial.

Aproximadamente a los seis años desarrollamos la personalidad que vamos a ejercer, muchas veces las características que tenemos son disfraces y máscaras que utilizamos para enfrentar los eventos cotidianos y funcionan como un mecanismo de defensa.

Es probable que repitamos patrones de conducta familiares, que nos apeguemos a las creencias de quienes nos educaron y basemos nuestras vidas en estos paradigmas.

Por ello de pronto nos vemos haciendo cosas sin saber por qué, pero las consecuencias de estos actos nos afectan.

Nacimos en un ambiente familiar en el cual los adultos estaban tan ocupados y angustiados con sus problemas que no había tiempo de platicar con los niños, por lo mismo tuvimos que aprender a vivir con lo que veíamos.

No nos enseñaron a tener vínculos afectivos sanos, aún así nos cuestionamos el porqué de nuestras relaciones fallidas.

Los dobles mensajes familiares crearon confusión, haciéndonos dudar de nuestra toma de decisiones.

Tanto la sobreprotección como el abandono engendraron en nosotros una sensación de inutilidad y desamparo que difícilmente podemos detectar, aunque lo hacemos a través de los "no resultados" y el sufrimiento de origen desconocido, que nos acompaña a lo largo de nuestros días. De ahí que sea fundamental voltear nuestros ojos a lo que realmente tiene importancia.

"Conocernos a nosotros mismos". Reconocer nuestras habilidades, definir nuestras emociones, saber a dónde queremos ir, apreciarnos y aceptarnos por lo que somos más allá de lo que queremos.

Saber quién eres, de dónde vienes y hacia dónde quieres ir, son actos de amor. Tener la certeza de que puedes contar contigo, que tienes la disposición de salir adelante aun a pesar de la adversidad en la que te encuentres, son el principio de un gran cambio.

Un abrazo al corazón nació con el deseo de acompañarte a descubrir el extraordinario ser que llevas dentro y que no has podido conquistar por las capas y capas de pasado que obstruyen la visión de tu presente.

Te invito a la maravillosa aventura para investigar quién eres y para llegar a ser: ¡la mejor versión de ti mismo!

Adriana Páramo Moguel

Cuando elegimos aprender
de nuestros errores,
adquirimos la maestría para
llegar a nuestras metas.

Construyendo tu destino

Desde el principio el ser humano ha tenido una gran duda ¿Quién soy? El diario vivir o "sobrevivir" en una sociedad tan compleja, nos ha separado de lo más importante, el contacto con nosotros mismos.

Por años, viví con un vacío profundo, llena de miedos, desesperanza y, sobre todo, sintiéndome en dolorosa soledad, alguien me hizo saber que la vida no llega de forma abrumadora, sino que se construye; todos tenemos millones de razones para ser como somos, pues el estrés, la depresión y la insatisfacción se convierten, en huéspedes permanentes de nuestras existencias.

Para cambiar esto, te invito a la aventura más fascinante de tu existencia, un viaje hacia tu interior, con el profundo conocimiento de tu persona, convertirás en sabiduría tu experiencia y tomarás de ella tu fortaleza, llegando a ser la mejor versión de ti mismo.

Depresión

Es una enfermedad que desafortunadamente se ha convertido en un mal común en nuestras vidas, afecta el estado de ánimo y la manera de concebir la realidad.

No es un estado pasajero de tristeza. Si has perdido el entusiasmo, es momento de contemplar la posibilidad de aceptar que estás deprimido.

Entre los síntomas están los trastornos de apetito y sueño; fatiga y experimentar sentimientos de minusvalía. Los factores que pueden provocarla son:

- Químicos, genéticos y psicosociales. Cuando las cosas no suceden como nos gustaría caemos en frustración, ira y autolástima.

Los problemas no se resolverán por sí solos, ni por arte de magia.

"Contra la depresión acción". ¡Sal de la cama! Nunca la dejes sin tender, abre la ventana, date un baño, el ejercicio físico ayuda a generar endorfinas y éstas te hacen sentir mejor.

Haz un recuento de las cosas valiosas que has hecho. Sólo así lograrás salir de ese espejismo llamado depresión.

♥

Miedo al rechazo

Es una sensación que genera inhibición, amargura, resentimiento, ira o una necesidad de huida.

Tememos al rechazo porque es una experiencia desagradable, nos lleva a sentirnos excluidos, juzgados y no pertenecientes, es el miedo a ser nosotros mismos, a ser auténticos. Por eso el rechazo tiene poder.

Este miedo viene de la infancia, donde una persona, que representaba autoridad en nuestras vidas, fue muy crítica.

La sensación de "no les gustaré", "me criticarán", evita que tengamos una percepción adecuada de quiénes somos realmente y sabotea nuestras vidas.

- La solución está en aceptar que el miedo nos genera conflictos.
- Dejar de juzgamos severamente en el conocimiento de que todos los seres humanos tenemos el derecho a equivocarnos, nadie en este mundo es capaz de alcanzar la perfección porque no existe.
- Y recordar que caerle bien a todos no es posible.

♥

♡ Cuando el amor duele

En ocasiones, las personas no nos damos cuenta de lo permisivos que somos en nuestras relaciones, pues con tal de no estar solos llegamos a límites impensables, formando relaciones de dolor.

Ésta es una condición llamada codependencia, misma que se caracteriza por una preocupación y dependencia excesiva hacia una persona, lugar o cosa. Quien la padece, carece de identidad propia, debido a que pierde conexión con lo que necesita, desea y siente, además se la pasa buscando aceptación, de tal forma que cuidar de otros se convierte en el eje central de su vida. Podría parece amor, pero en realidad es egoísmo.

- Para poder terminar con la codependencia es importante tener una autoestima sana, un proyecto de vida personal. No rescatar a otros de las consecuencias de sus actos. Hacer de nuestro propio desarrollo lo más importante.

♥

♡ Autoestima

La autoestima es la valoración que cada persona hace de sí misma. "Tener una autoestima sana es ampliar nuestra capacidad de ser felices". Cuando se nace en un hogar disfuncional puede tenerse una autoestima baja u oscilante, que nos lleva de sentirnos los reyes del universo a pensar que no servimos, no valemos o no merecemos nada, esto evita que podamos vivir con eficacia y responsabilidad.

Desear tener éxito en la vida con esta carga, es como querer correr cien metros con una pierna rota y ganar la competencia.

Para adquirir una autoestima sana:

- Hay que cambiar el concepto que tenemos de nosotros mismos. Vivir conscientemente, autoaceptarnos, ser autorresponsables, vivir con integridad, estar sinceramente agradecidos por lo que sí tenemos y sí somos. En nuestras manos está desarrollar la vida feliz y plena que deseamos.

♥

♡ Violencia intrafamiliar

La violencia intrafamiliar es el abuso de poder de parte de un miembro de la familia sobre otro. Es evidente si hay una actitud violenta repetitiva, no por un hecho aislado.

Puede ser: físico, psicológico, sexual o económico.

La violencia es un ciclo que pasa por tres fases:

- Fase 1. Acumulación de tensión.
- Fase 2. Episodio agudo de violencia.
- Fase 3. Etapa de arrepentimiento o luna de miel.

La agresión continua genera en las personas el "síndrome del maltrato".

Las consecuencias de vivir en un entorno familiar violento ocasionan dificultades de interacción social, llevan a interpretar como hostil la conducta de otros, provocan baja autoestima y problemas de egocentrismo.

• Para solucionarla hay que tomar consciencia de que se tiene un problema, buscar ayuda, especialmente psicológica, la única manera de romper con los ciclos de la violencia es haciendo un profundo cambio interno.

♥

♡ Miedo al éxito

Es una condición caracterizada porque ante la posibilidad de alcanzar el éxito, realizamos esfuerzos, conscientes o no, por arruinar dicha posibilidad.

¿Te has preguntado por qué no logras lo que te propones? ¿De verdad deseas lograrlo?, ¿puedes imaginar cómo sería una vez logrado?

En la infancia se nos estimuló, al mismo tiempo se nos desalentó, nuestros padres no lo hacen con el afán de confundir sino porque ellos también tuvieron los mismos mensajes, actuaban por condicionamiento. El éxito es nuestro derecho de nacimiento, basta con reconocerlo para permitirle manifestarse.

En la vida es inevitable equivocarnos, y tener miedo ante lo desconocido.

Al comprometernos, dejamos de preguntarnos si podríamos encontrar algo mejor y concretamos nuestros sueños.

Para alcanzar las metas podemos:

- Ser perseverantes.
- Tener actitud de logro.
- Confiar en nosotros mismos.

♥

♡ Miedo al éxito 2

Muchas veces vivimos anhelando el momento en que llegaremos a concretar todos nuestros sueños, vivimos y revivimos una y otra vez lo que haremos con nuestros logros, sin embargo, cuando se acerca el momento de alcanzar nuestras metas, comenzamos a sabotearnos, haciendo a nivel inconsciente todo cuanto está al alcance para evitarlo, pues el miedo al éxito nos paraliza.

No podemos manejar el futuro en nuestro presente, sentimos la falta de control, nos angustiamos. Dejamos todo para mañana. Somos poco objetivos con las prioridades. Perdemos el tiempo. Dejamos de hacer muchas cosas que aumentarían nuestros logros.

- Lo recomendable para superar el miedo es hacer balance de nuestros actos, sentirnos merecedores de tener logros y bienestar en nuestras vidas.

♥

♡ Superando la culpa

Una persona siente culpa cuando no pudo actuar según sus expectativas y sus propios valores, por esa razón se cree imposibilitada para continuar con su vida y seguir creciendo, esto le lleva a sentirse inadecuado.

El sentimiento de culpa siempre es negativo, puede hacer que vivamos muy desdichados y sin valor propio, llegando a concluir que todo lo malo es nuestra responsabilidad.

- Cuando se presenta la culpa, el reto es convertir ese sentimiento en un momento de reflexión y análisis de por qué nos surge, sin llegar a desvalorizarnos.
- Hay que buscar un diálogo interior que nos lleve a descubrir por qué sentimos culpa.
- Necesitamos buscar soluciones.
- Podemos pedir perdón a las personas afectadas por nuestra conducta, empezando por nosotros mismos.

♥

♡ Celos patológicos

Los celos intensos se acompañan por sentimientos de inseguridad, autocompasión, hostilidad y depresión. Son destructivos, y convierten la relación en amor-odio. Provocan que todo el tiempo la persona piense que su pareja está involucrada emocional o sexualmente con otras personas, ya sea realidad o no.

Hay que estar conscientes que para bailar un vals se necesitan dos, es decir que probablemente el celado se siente amado a través de esta relación y el que cela busca motivos para alimentar estas emociones, acosando y persiguiendo a su pareja, ambos viven en un profundo sufrimiento.

Estar pendiente de los actos de otro es reflejo de querer evadir la enorme responsabilidad de enfrentar nuestras vidas.

- Esforzarnos por amarnos hace la diferencia, no hay recompensa suficiente para pagar el enorme precio de vivir en ese infierno.

♥

♡ Envidia

La envidia es un sentimiento tan universal como pernicioso. En algún momento de la vida, todas las personas sufrimos la agobiante sensación de anhelar lo que pensamos le otorga felicidad a otros. Es bastante común, y este sentimiento puede ser muy peligroso puesto que no dominarla puede ser altamente autodestructivo.

Quien envidia no gira sobre su propia realidad, sino sobre lo que desearía o le falta, no reconoce su envidia. Por ello vive pendiente de la vida de otros.

Asimismo, la envidia es un sentimiento de inferioridad e inseguridad, falto de compromiso y responsabilidad con la vida propia.

Debemos ser honestos, la "envidia sana" no existe, pero podemos convertirla en superación para alcanzar nuestros sueños. Lograremos modificar esta actitud:

- Motivándonos mediante la acción a alcanzar todo aquello que soñamos lograr.
- Tomando consciencia de lo qué es prioritario en nuestra vida.
- Aceptando defectos y valorando cualidades, propias y ajenas.

♥

♡ Cambio de actitudes

La actitud es la forma de respuesta que tenemos ante los eventos de la vida. Nuestros pensamientos están condicionados con nuestras conductas inefectivas, que sumado a las emociones nos llevan a desarrollar sentimientos positivos o negativos, que podemos canalizar. Si tomamos consciencia de cómo nos conducimos ante las situaciones, terminaremos siendo dueños de nuestros pensamientos, emociones y sentimientos.

Si las actitudes son de creación propia la única persona que las puede cambiar somos nosotros.

Si podemos demostrarnos a nosotros mismos que somos capaces de mejorar, adquirimos confianza y autoestima, podemos compartir y confiar más en las personas, nos lleva a que nuestra vida tenga sentido y dirección. Así podemos realizar nuestros sueños, sintiéndonos completos y realizados.

- ¡Cambia tu actitud y cambiarás tu vida!

♥

♡ Generosidad

La generosidad caracteriza al corazón noble y compasivo. Más allá del acto caritativo es el desarrollo de sensibilidad o compasión, y estar dispuestos a dar nuestra posesión más preciada, es decir, nosotros mismos.

El importante equilibrio entre dar y recibir. El valor de la generosidad está en dar a los demás más de lo que nos corresponde por obligación. Implica la capacidad de salir de nosotros mismos y, por un acto de amor, enfocar las necesidades de los otros.

La generosidad se expresa de diferentes maneras. En lo material podemos compartir nuestras pertenencias. En lo espiritual poner nuestras capacidades y atributos al servicio de quienes nos rodean mediante una acción objetiva de ayuda.

- La generosidad engrandece a quien la prodiga y da consciencia de aprecio al que la recibe.

♥

♡ Pereza

La pereza es la falta de estímulo y deseo por atender lo necesario e incluso para realizar actividades, es la congelación de la voluntad, el abandono de nuestra condición de seres activos y emprendedores; la pereza siempre encuentra excusas, nos aleja de nuestros objetivos, hace que el desempeño en cualquier área de nuestra vida sea pobre o mediocre.

Además, la pereza trae mucha frustración e ira debido a que siempre tenemos grandes proyectos y muy pocas ganas de realizarlos.

- Hacer ejercicio y un descanso adecuado mejora nuestra disposición; tener un enfoque preciso, trabajar en equipo, observar el progreso, poner metas definidas, objetivos realistas; hacer nuestro mejor esfuerzo y obligarnos a ser disciplinados, nos ayudará a salir de este mal hábito, transformando nuestras vidas, nos llenará de creatividad y logros.

♥

♡ Tolerancia

La tolerancia es la aceptación de la diversidad de opiniones, la capacidad para saber escuchar y aceptar a los demás, valorando las distintas formas de entender la vida y la forma en que cada uno se posiciona en ella.

No es someternos, vivir con indiferencia o negación, es comprender que todos tenemos el derecho y la oportunidad a ser diferentes sin que por ello se nos juzgue o descalifique.

La tolerancia es determinante para la sana convivencia, y debe empezar por nosotros mismos por ello es necesario que estemos conscientes de que la perfección no existe pues tenemos derecho a:

- Equivocarnos.
- Presentar opiniones extrañas a toda lógica.
- Tener opiniones diferentes a las de otros.
- Cambiar de concepto.
- Reconocer tranquilamente que desconocemos algo.
- Rechazar peticiones sin sentirnos culpables por ello.

♥

♡ Miedo al cambio

Salir de la "zona de confort" suele generarnos miedo a perder lo que tenemos, no sabemos reaccionar ante las nuevas situaciones, a lo desconocido. Sabemos que nuestro presente está cambiando en algún área importante de nuestra vida y no sabemos cómo será el futuro, por lo que es lógico tener dudas, recelos, incertidumbres, hasta culpas por algo que hicimos o dejamos de hacer. Aferrarse al pasado no es un buen hábito, lo mejor es permitir que las cosas que cumplieron su ciclo se alejen y así hacer lugar para lo nuevo.

- La única manera de terminar con el miedo al cambio es enfrentándolo.
- Ya has tenido momentos similares en otros períodos de tu vida y te han servido como aprendizaje y crecimiento, con éste pasara algo similar, ¡o incluso mejor!

♥

♡ Egoísmo

La persona egoísta está centrada en sí misma. El amor propio es necesario y saludable. Pero quien es egoísta no siente amor hacia su persona sino rechazo y quiere todo para él porque se siente vacío.

La diferencia entre el amor propio y el egoísmo es que mientras el primero es el sentimiento de respeto por uno mismo, el segundo es la pretensión de utilizar a otros para beneficio propio, manipulándolos como objetos.

El egoísta está solo, aislado, por eso trata de llenar su vida con objetos. Su personalidad es depresiva con rasgos obsesivos.

El egoísta se va quedando solo por elección, porque es incapaz de compartir nada.

- Al ser generosos, agradecidos y ayudar a otros incondicionalmente salimos de ese estado, así nos sentimos plenos y felices.

♥

♡ Traición

Cuando alguien en quien depositamos nuestra confianza nos traiciona, nos llenamos de ira y vergüenza, sentimos deseos de venganza, de guardar rencor o, incluso, podemos caer en depresión.

Esta actitud sólo nos daña a nosotros porque la desconfianza permanente nos llena de amargura.

Recuerda que quien traiciona está lleno de miedo y prejuicios. Está en tus manos:

- Libérate del infierno del resentimiento.
- Analiza las causas y comprende que quien daña lo hace desde su propio dolor y carencias.
- Afronta la verdad.
- Asume la parte de responsabilidad que te corresponde.
- Decide si deseas permanecer cerca de la persona.
- Vive sin recordar la traición eso te permite soltar el lastre de un pasado doloroso y da lugar a un crecimiento personal.

♥

♡ Avaricia

La avaricia es el afán excesivo de poseer y adquirir riquezas para atesorarlas. La inclinación o deseo desordenado de placeres o posesiones. Esta actitud exagerada se origina en el miedo y en la inseguridad que se experimentan frente a la posible pérdida de lo poseído.

La usura es otra dimensión de la avaricia.

Los avaros habitualmente se mantienen en guardia contra ser invadidos, están a la defensiva, se retiran y son hostiles como una forma de manejar su hipersensibilidad a los demás. Temen a las relaciones íntimas, lo que puede provocar que se sientan agobiados, sofocados o engentados. El avaro vive pobre y muere rico.

- La virtud que podemos tomar de la avaricia es el ahorro.
- La generosidad de corazón es el camino para superar este defecto.

♥

♡ Alegría

Alegría es estar lleno de felicidad, es una percepción de bienestar que está dentro de todos nosotros. Proviene de la sensación de ser amado. Nace de apreciar y agradecer el don de la vida. Surge cuando hacemos lo que nos parece correcto, se confunde con la diversión, pero no es exactamente lo mismo. La diversión está sujeta a eventos externos. La alegría surge de lo que sucede adentro.

Cuando te sucedan cosas malas, busca la causa, es una manera de hacerte más fuerte. Algo nuevo por aprender.

Alegría es el sentido interior que nos ayuda a atravesar tiempos difíciles, aunque nos sintamos tristes.

- Si buscas la alegría interior puedes hacer que el trabajo más pesado se vuelva ligero.
- Disfruta cada momento agradable.

♥

♡ Impuntualidad

La impuntualidad crónica es difícil de superar porque en el fondo recibimos un beneficio.

- El hacedor. Desea exprimir cada minuto del día, tiene un pensamiento mágico con el que sobrestima el tiempo.
- El racionalizador. Al llegar tarde, siempre tiene la excusa perfecta, culpa a otros o a las circunstancias.
- El adicto a la adrenalina. Espera hasta el último minuto para actuar. Disfruta vivir en el límite porque... es más divertido.
- El relajado. Le cuesta trabajo ser disciplinado y posponer el placer, elige hacer algo de último minuto.
- El rebelde. Le gusta sentir que controla una situación y se rehúsa a ser controlado.

Para cambiar:

- Revisa los momentos penosos y las oportunidades perdidas.
- Pregúntate cómo prevenirlo.
- Monitorea tu puntualidad y anótala.
- Comprende que llegar tarde es una opción.

♥

♡ Cortesía

La cortesía es el valor de los detalles pequeños, pero que significan mucho pues cimientan el amor y el mutuo aprecio entre los miembros de una familia, ayuda en la eficacia de la comunicación, facilita la convivencia y las buenas relaciones entre todas las personas, mejorando su calidad de vida.

Como nos ayuda a formar una personalidad amable, la cortesía es esencial en la vida de todos, sin importar edad, color de piel, posición social o escolaridad.

Actitudes como alabar lo bueno de otros, tratar bien a las personas, tener consciencia de servicio, saber escuchar, y tener un genuino interés por otros, son testimonios de consideración, respeto y aprecio; esto no significa estar en una situación de inferioridad o sumisión.

- La cortesía empieza por nosotros.

♥

♡ Persona controladora

Para una persona controladora un *no* es un desafío para hacer que los demás cambien de opinión, como se resisten a asumir la responsabilidad de sus propias vidas, necesitan controlar a los demás, tienden a atribuir los sucesos de sus vidas a otros.

- Los controladores agresivos. Son abusadores verbales o físicos. Quieren modificar al mundo para que se adapte a su idea de cómo debería ser la vida.
- Los controladores manipuladores. Con insinuaciones, manipulan para salirse con la suya. Seducen a otros para que lleven sus cargas. Utilizan mensajes llenos de culpa.

No podemos atemorizar a los demás o hacerles sentir culpables y pretender que nos sigan amando.

La solución está en lo siguiente:

- Enfrentar nuestra falta de honradez.
- Ejercer la responsabilidad propia.
- Respetar los límites propios y ajenos.

♥

♡ Perseverancia

La perseverancia es básica para el éxito, un rasgo de carácter esencial para la progresión del ser humano. Muchos logros se pierden en medio de titubeos, dudas, vacilaciones y falta de determinación.

Con la perseverancia se obtiene fortaleza, lo que evita que nos dejemos llevar por lo fácil y lo cómodo.

Nos permite conocer a fondo nuestras capacidades para poder establecer objetivos que podamos alcanzar.

Somos constantes en nuestras actividades, afrontamos con firmeza las dificultades, enfrentamos los retos sin miedo con un compromiso pleno y decidido, nos valemos por nosotros mismos, sabemos que nadie hará nuestro trabajo, transformamos nuestros sueños, les damos vida y luchamos para convertirlos en realidad.

- La perseverancia es una señal de seguridad en nuestros proyectos personales y laborales.

♥

♡ Compromiso

El compromiso es lo que transforma una promesa en realidad. Dejar de vivir de buenas intenciones para cumplir nuestros objetivos, que deben ser realistas.

Este valor tiene que ver con la libertad personal empeñada en una dirección concreta, va más allá de cumplir con una obligación, es esforzarnos por ejercer todas nuestras capacidades para sacar adelante aquello que se nos ha confiado.

Algunas personas quieren que todo sea perfecto antes de comprometerse con algo, esto les lleva a evadir la responsabilidad y postergar, por lo que abandonan sus proyectos.

La motivación adecuada, poner acción, comprometerse a fondo, libera el potencial y la creatividad, esto nos llevará a lograr nuestras metas y vivir en bienestar.

• Con tus actos tú eliges la vida que quieres tener.

¡No abandones tus sueños!

♡ Creencias

Creencia es el sentimiento de certeza sobre el significado de algo; es una afirmación personal que consideramos verdadera, y adquirimos desde la más tierna infancia.

En su mayoría son inconscientes, afectando la percepción de personas, situaciones y cosas que nos rodean.

Tenemos creencias que nos sirven como recursos y otras que nos limitan, se forman a partir de nuestras experiencias personales. Estas creencias se instalan en nosotros de forma sólida y consistente, son una fuerza muy poderosa dentro de nuestra conducta.

A través del sistema de creencias damos significado a nuestra vida. Detectar nuestras conductas limitantes, asumir las consecuencias y pérdidas, nos lleva a un nuevo sistema de creencias positivas.

- Piensa en algo que tú creas que puedes hacer y compáralo con algo que te limita.

♥

♡ Indiferencia

Así como el desprendimiento saludable y el verdadero desapego son signos de equilibrio mental y emocional, la indiferencia nos lleva a la insensibilidad, la anestesia afectiva, y el abandono. Es una actitud que puede paralizar el crecimiento interior, endurece la identificación con el afecto y la compasión: nos lleva al aislamiento interior, aunque en lo exterior resultemos muy sociables o incluso simpáticos.

Hay personas cuyas relaciones están llenas empatía y encanto, pero son totalmente indiferentes hacia los demás.

Es una actitud neurótica, autodefensiva por miedo a ser herido, juzgado o ignorado.

- Hay que darnos la oportunidad de abrir nuestras emociones, aun a riesgo de sufrir, pero asumiendo todo ello como una mejora personal, esto provocará un cambio radical en nuestras vidas.

♥

♡ Responsabilidad

La responsabilidad es la habilidad de respuesta que las personas tenemos ante los eventos cotidianos, además, es la motivación para la libre voluntad, y es un valor que demuestra el compromiso con las propias decisiones y con las consecuencias que éstas pueden generarte así como a quienes te rodean. Las personas responsables siempre toman en cuenta la intención de lo que están haciendo.

Debemos tener en mente que a la hora de buscar un empleo, para los empleadores es muy importante la responsabilidad del candidato puesto que contratar a un sujeto que no es capaz de asumir las consecuencias de sus actos, y que no logra cumplir o comprometerse con el empleo, no asegura en ningún caso el cumplimiento más básico de sus tareas.

- Una persona carente de responsabilidad siempre tiene excusas para justificar aquello que no realizó, no muestra compromiso.

♥

♡ Apatía

La apatía es una afección que suele acompañarse de inactividad física, tristeza, infelicidad, sensación de vacío, falta de capacidad de gozo y desmotivación.

Además, la apatía nos hace sentir rechazados y aislados, disminuye nuestra capacidad para expresar los afectos. Todos estos síntomas demuestran que vivimos con una barrera interna, ya que la apatía debilita nuestro interés y vigor cuando vivimos las actividades cotidianas.

Cuando aparece, simplemente, hay que reconocerla, descubrir el origen y abordarlo directamente.

Es mejor aceptar que somos los únicos responsables de nuestra motivación. Hallarnos abiertos y en permanente conversación con nuestro entorno.

Un cambio de actividad y responsabilidades ayuda a motivar la creatividad. Lo más recomendable es:

- Evitar situaciones de estrés.
- Buscar momentos y pensamientos agradables.
- Perdonar y olvidar el pasado doloroso.
- Compartir con alguien de confianza situaciones difíciles.
- Fortalecer la paciencia.

♥

♡ Desconfianza

La desconfianza es un mecanismo de defensa que nos evita descalabros, pero también pone una barrera enorme para que podamos disfrutar de las cosas buenas de la vida. El que teme que lo traicionen termina traicionando, generando destrucción de relaciones, aislamiento y dolor. Lo importante es saber cuándo confiar, y cuándo no hacerlo. Debemos evitar ser paranoico pero tampoco ingenuo. Debemos establecer el sentido más básico que tenemos acerca de las personas. Además, estar consciente de la experiencia que hace evidente la intencionalidad de otros.

Es normal que si crecimos en un ambiente lleno de promesas rotas, desconfiemos, pero es nuestra decisión cambiar, empezando por la confianza en nosotros mismos.

- La confianza es el juicio que hacemos de contar en la capacidad, honestidad, responsabilidad o lealtad de quienes nos rodean.

♥

♡ Fortaleza

La fortaleza es la virtud mediante la cual somos capaces de soportar o vencer los obstáculos que se oponen al bienestar y a nuestro progreso espiritual.

No se trata de realizar actos sobrehumanos, se trata de hacer pequeñas cosas cotidianas que, en suma de esfuerzos, pueden llegar a ser algo grande, una muestra de amor.

Además, la fortaleza nos hace capaces de asumir los compromisos y responsabilidades teniendo una respuesta inmediata y eficaz ante los sucesos, lo que asegura la firmeza con que enfrentamos las dificultades.

Es no dejarnos vencer cuando las cosas no son como queremos.

Analizar nuestros errores nos hará más fuertes en el próximo intento.

No hay confundir fortaleza con violencia.

- Aprender a dominar las preocupaciones, nuestros sentimientos y reacciones negativas es el camino ideal a la fortaleza.

♥

♡ Ética

La ética se rige bajo principios universales básicos, como la justicia, es la decisión que uno como individuo realiza para escoger la acción buena o mala, de acuerdo a los valores y la formación de cada persona.

Depende de nosotros mismos, establecer un ambiente cordial con nuestra familia, amigos, y colaboradores, debemos tener una serie de acciones y actitudes, que despierte un código de conducta sobre el cual vamos a proyectar nuestra vida, con esto crearemos un entorno agradable.

Pensar que "el que no transa, no avanza", "¡qué tanto es tantito!", pasar por encima de los derechos de otros, abusar o actuar con voracidad, nos degrada.

- En tus manos está la elección de vivir en bienestar.
- La responsabilidad personal mejora nuestra calidad de vida.

♥

Gula

La gula es el deseo desordenado por el placer asociado con la comida o la bebida.

Quienes son dominados por la pasión de la gula envuelven a los demás con sus palabras, fantasean una mejor realidad para huir de su angustia, aburrimiento y del compromiso con cualquier cosa que les suponga esfuerzo constante y disciplina, viven tratando de llenar los vacíos internos. No son forzosamente comedores compulsivos o glotones de alimentos —aunque prueban de todo un poco para no perderse ningún sabor—, son consumidores compulsivos de experiencias, amistades, afectos, libros, cursos, viajes, deportes... aunque no aplican continuidad a nada.

Lo que provoca un cambio es:

- Empezar a actuar.
- Tener apertura a sentir.
- Definir deseos y necesidades.
- Hacer un esfuerzo por centrarse.
- Vivir el presente, definitivamente.

❤

Autoconfianza

La autoconfianza debe cimentarse en una firme apreciación de la realidad, al tener pequeños logros de metas muy definidas.

La forma en que hablas de ti mismo tiene un gran impacto en tu vida. La falta de autoconfianza suele presentarse en personas que vivieron en hogares donde no hubo amor, protección, apoyo, orientación o reconocimiento, en su lugar hubo conflicto, crítica, angustia, promesas rotas, además de poca o nula tolerancia a la frustración.

Es importante hacer un recuento de los logros por pequeños que parezcan.

Observar y corregir los malos hábitos, como postergar, el perfeccionismo, la pereza o la apatía.

Tener claridad en nuestro proyecto de vida personal y actuar en consecuencia.

- Debes aprender a amarte y aceptarte tal como eres, en este momento es el principio.

♥

♡ Merecimiento 1

Es natural que quienes venimos de hogares donde la educación se basaba en premios y castigos, tengamos una consciencia de merecimiento distorsionada, pues lo que vemos en nosotros mismos no corresponde a una realidad, tendemos a criticarnos, juzgarnos y devaluarnos, nos engañamos viviendo en un supuesto optimismo, que no funciona.

Cuando nos hablamos con honestidad, reconocemos que está bien ser nosotros aunque nos equivoquemos y hagamos algunas cosas mal, que lo que aportamos a los demás es valioso y nos amamos incondicionalmente, nos dirigimos a un profundo cambio interno.

La manera más sencilla de permitir que nuestra consciencia de merecimiento se traduzca en éxito y bienestar, es actuar con congruencia, organizando nuestros pensamientos, palabras, emociones y acciones, en una sola línea.

- Toma la decisión de confiar en ti.

♥

♡ Tristeza

Estar triste de vez en cuando es algo completamente normal. Quizá no logramos todo lo que deseábamos, extrañamos a alguien, nos sentimos rechazados, o impotentes ante algo que no podemos cambiar.

Hay muchas razones por las que podemos sentir tristeza, la cual hace que todo lo veamos a través de un "cristal empañado", los eventos cotidianos se tornan grises, los buenos momentos se vuelven invisibles ante nosotros, dejamos ir oportunidades y empezamos en una falsa realidad, a creer que "nadie nos quiere" o "todos quieren hacernos daño", la tristeza no atendida puede convertirse en depresión.

El llanto es parte de la liberación. Reconocer y poner atención en la emoción nos permite procesarla.

- Al ver las emociones como manifestaciones que intentan transmitirnos algo, podremos regularlas y liberaremos fácilmente esa carga negativa.

♥

♡ Adicción al trabajo

El adicto al trabajo o labor-adicto [*workaholic*] va mas allá del compromiso, tiene una necesidad excesiva e incontrolable de trabajar incesantemente, que afecta su salud, felicidad y relaciones personales.

Puede ser la forma de huir de una realidad dolorosa, con tendencias compulsivas relacionadas con el trabajo duro. Además, obedece a una necesidad de tener el control; a una comunicación interpersonal deficiente; o incapacidad para delegar tareas; así como a una autovaloración centrada en el trabajo; también puede presentarse por la fuerte necesidad de conseguir el éxito, la falta de organización, o el hecho de que el ambiente familiar sea problemático, por lo que el trabajador no quiere llegar a casa; incluso podría deberse al temor de perder el trabajo.

La solución es

- Equilibrar los horarios en área laboral, personal y familiar.
- No llevar trabajo a casa.
- Delegar ciertas funciones.
- Planificar tareas.

♥

♡ Esperanza de una vida mejor

La esperanza es la actitud de quienes buscan una vida mejor, no se trata de pretender que los problemas no existen. Por el contrario, es la confianza plena de saber que podemos superarlos, que las heridas sanarán y que, tarde o temprano, se acabaran las dificultades.

Ten en cuenta que cada vez que te decepcione no recibir alguna llamada, no ser amado por quien quieres o no concretar algo, debes recordar que no es rechazo o mala suerte... simplemente piensa que es una gran oportunidad para algo mucho mejor de lo que esperabas.

La vida está hecha de millones de momentos, tú decides si quieres ser feliz y vivir en plenitud con las circunstancias que te rodean.

• Algunos encuentran la oportunidad ante un problema, en la crisis el crecimiento y en la adversidad la fortaleza.

♥

Angustia

La angustia es el sentimiento que se presenta cuando nos preocupamos en exceso por la posibilidad de que nos ocurra algo sobre lo que no tenemos control; también la padecemos cuando nos inquieta no poder resolver un conflicto y por la dificultad para tomar una decisión que nos obliga a renunciar a otras opciones.

Puede presentarse como sentimiento de frustración frente a los problemas, es un círculo vicioso, una vez que llega "sin razón alguna", aparecen pensamientos fatalistas. La angustia nos hace sentir pérdida del control, respiramos excesivamente, tenemos sensaciones de mareo, vértigo y palpitaciones.

Conocer bien nuestras aptitudes y capacidades nos beneficia pues reconocemos las habilidades que nos permiten desempeñarnos con creatividad.

• La objetividad en nuestra realidad nos ayuda a confiar en nosotros y ser asertivos para tener un cambio de actitud ante los eventos.

♥

♡ Autolástima

La autolástima es un anestésico emocional que utilizamos cuando creemos que no podemos resolver un problema. Con esta actitud alejamos el amor, las amistades, el cariño y las posibilidades de tener éxito en la vida.

A nadie le gusta estar cerca de una persona que vive quejándose, amargada, molesta por todo, especialmente con ella misma. Porque no puede disfrutar la vida, reírse, cree que nadie la quiere, que la ignoran, vive con demandas excesivas, egocéntrica, siempre en el papel de víctima.

Prueba lo siguiente:

- Deja de echarle la culpa de tus problemas a los demás.
- No te consueles haciéndote la víctima.
- No te compares con otros.
- No revivas una y otra vez las desgracias, esto acentúa el dolor y sufrimiento.
- Convéncete de que todo problema tiene solución.

♥

♡ Límites

El respeto es algo fundamental es necesario practicarlo, muchos problemas interpersonales suceden por no poner los límites adecuados.

¿Cómo aplicarlos a nuestra pareja, amistades o al jefe? Solemos tener dudas con respecto hasta qué punto llegar, cuándo hacer algo, incluso medimos la reacción del otro... por miedo a perder lo que tenemos.

Si estás abrumado por las exigencias desmedidas, las presiones, la actitud devaluatoria, la voracidad o tiranía de otra persona, es momento de poner límites.

Recuerda que:

- No es preciso enojarse ni gritar.
- No hace falta esperar a que la situación llegue lejos.
- No debes rescatar a otros de las consecuencias de sus actos.
- Debemos dejar claro a qué si estamos dispuestos y a qué no.
- Pensar, actuar y hablar de manera coherente.

♥

 ## Comenzar de nuevo

Es natural que el desánimo se apodere de nosotros cuando no obtenemos los resultados deseados en alguna etapa de nuestras vidas.

A veces, los problemas nos abruman y la sensación de que no lo lograremos se repite constantemente. En ningún lado está escrito que esto sea para siempre y el fracaso es el gran maestro que nos lleva al éxito.

Hoy es un buen día para volver a empezar. No se trata de huir de los eventos, sino de cambiar la forma en que los enfrentamos.

Por ello debemos:

- Responsabilizarnos de nuestros actos en lugar de culpar a los demás.
- Tirar todo lo que nos ata a un pasado doloroso.
- Mirar alto, soñar alto, anhelar lo mejor, todo lo bueno, pues la vida nos trae lo que deseamos.

♥

♡ Superación

La superación personal no llega por arte de magia, requiere acciones concretas, planeación, esfuerzo, trabajo continuo y persistencia.

La seguridad de lo ya conocido y la incertidumbre de lo desconocido son los motivos por los cuales existe la resistencia al cambio, hay quienes tienen más capacidades de las que piensan, y viven una vida limitada por falta de confianza en sí mismos.

A través de un proceso de transformación y desarrollo, logramos la superación personal. Al adoptar nuevas formas de pensamiento y cualidades mejoramos nuestra calidad de vida. Así somos capaces de alcanzar un estado de satisfacción con nosotros mismos y las circunstancias, para disfrutar de una vida mejor.

- Cambiar las creencias negativas y la forma de enfrentar los eventos cotidianos genera bienestar.

♥

♡ Voracidad

La voracidad es un mecanismo de defensa relacionado con la dificultad en la capacidad de satisfacción.

Comer, comprar o acumular, son actos simbólicos para llenar un vacío interior, se busca sobreponerse momentáneamente a un estado depresivo generado por una carencia afectiva, una manifestación de ansiedades o angustias no resueltas.

En actitud voraz lo importante no es disfrutar, sino disfrutar al máximo que se pueda y durante el mayor tiempo posible, es acumular lo más que se pueda sin importar lo que haya que hacer.

Es difícil detectar la voracidad, no hay límites ni respeto lo que provoca que la persona voraz atropelle con sus demandas excesivas a quienes la rodean.

- La solución es autoaceptación, autoconocimiento y una actitud de servicio a otros.

♥

♡ Postergar

¡No dejes para mañana lo que puedes hacer hoy! Postergar es la acción de aplazar las tareas que se imaginan difíciles, desagradables o incómodas.

Tiene mucho de autoengaño y es una forma de huir de las responsabilidades.

Tanto la falta como el exceso de autoconfianza, la baja tolerancia a la presión, la sensación de imposibilidad para lograr algo, llevan a la inacción.

Quienes van de prisa haciendo muchas cosas, postergan algunas actividades, por lo regular las más importantes.

El verdadero problema radica en sus consecuencias. Con la falsa creencia de que, por dejar una decisión para más adelante, se podrá planificar mejor o que el problema se resolverá a sí mismo, lo único que se consigue es perder el tiempo y las oportunidades.

- ¿Estás dispuesto a seguir viviendo las consecuencias de esta actitud?

♥

♡ Equivocarnos

Si cometimos un error o somos responsables de algún problema y no sabemos cómo enfrentarlo; nada ganamos al negar la realidad o castigándonos una y otra vez por cuestiones del pasado, esto nos puede llevar a una pérdida mayor a la original.

Pensar constantemente en lo que pudimos hacer mejor, nos lleva a un estado de angustia y amargura.

No podemos perder de vista que todos tenemos limitaciones. No hay alguien a quien siempre le salgan bien las cosas, y equivocarse es de humanos.

Lo importante está en qué vas a hacer el día de hoy para aprender de la experiencia, enfrentar las consecuencias y reparar el daño.

- Debemos hacer un esfuerzo para perdonarnos por no ser perfectos.
- Recuerda que quienes han tenido éxito, primero tuvieron que enfrentarse al fracaso.

♥

♡ Soledad

Hay mucha diferencia entre vivir en soledad y estar a solas. La soledad está relacionada con la pérdida de relaciones, es una experiencia deprimente, llena de ansiedad, angustia y desesperación; si somos egoístas generamos muchos juicios y críticas, la probabilidad de que nos quedemos solos es mayor, aceptémoslo a nadie le gusta estar cerca de alguien que sólo vive quejándose.

Por el contrario estar a solas es una decisión, un momento de reflexión, para conocernos a fondo y tener un encuentro genuino con nosotros, estar en contacto con nuestra naturaleza humana nos permite ser compasivos.

El respeto ante la diversidad de pensamiento, la aceptación de que nadie está obligado a llenar nuestras expectativas, mejora nuestras relaciones.

- Una persona que elige ser feliz, plena y amorosa, siempre es atractiva.

♥

♡ Solidaridad

Solidaridad es la colaboración que mantiene unidas a las personas y naciones en todo momento, es la determinación firme y perseverante de empeñarse en ayudar a otros, especialmente durante las dificultades.

Compartir lo que tenemos, sin esperar nada a cambio. Además, la solidaridad implica afecto, fidelidad al amigo, comprensión, apoyo a quienes sufren, es una virtud basada en el servicio, pues intenta solucionar las carencias de los demás y es contraria al egoísmo, la indiferencia o a creer que si no nos afecta de forma directa y personal, no importa.

- Ser solidarios nos hace ser mejores personas, nos da la oportunidad de sentir que pertenecemos a determinado lugar o familia, al sentirnos unidos con nuestros semejantes, trabajando juntos por un mismo motivo, una misma meta, buscar el bienestar común.

♥

♡ Verguenza

La mayoría de los seres humanos empezamos a adaptarnos a nuestro entorno, cerca de los dos años de edad, si el medio es hostil e incongruente, genera en nosotros una sensación de no ser suficientemente buenos y pensamos que no servimos, no valemos y tampoco merecemos, o por el contrario, en la opinión exagerada creemos "el mundo no me merece".

Este estado nos lleva a avergonzarnos de quienes somos en realidad, nos llena de disfraces y máscaras que cubren nuestra verdadera personalidad, dejamos de ser auténticos y perdemos la oportunidad de desarrollar nuestro potencial.

- Hacer un esfuerzo por tener una aceptación plena de quienes somos, tener la responsabilidad de nuestros actos y asumir las consecuencias, nos lleva a valorarnos de una forma objetiva.

♥

♡ Compasión

Tener compasión no es lo mismo que sentir lástima, es la capacidad de sensibilizarnos ante el dolor de los demás, en el deseo de que vivan libres de sufrimiento. Es comprender que todos podemos equivocarnos y tener la oportunidad de empezar de nuevo.

En ocasiones resulta más cómodo no involucrarnos en el dolor de otras personas, esto genera en nosotros carencias que provienen del egoísmo, el cual nos mantienen bajo el control de emociones y pensamientos negativos, como el resentimiento, la venganza o el aislamiento.

- Esforzarnos por sentir alegría por el bienestar de los otros, nos libera. Nuestras relaciones se tornan genuinas y sólidas al cultivar sentimientos de empatía o proximidad hacia nuestros semejantes.
- Escuchar sin juzgar o criticar a otros es un gran acto de amor.
- La compasión comienza por nosotros mismos.

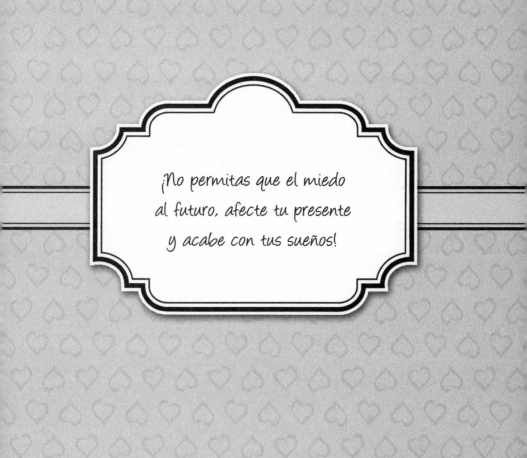

¡No permitas que el miedo
al futuro, afecte tu presente
y acabe con tus sueños!

♡ El don de la vida

A todos nos gusta recibir regalos, hay quienes esperan presentes que les llenen el alma, que haga aunque sentirse amados, apreciados, reconocidos; a pocos se nos ocurre valorar y recibir con gran agrado el primer y mejor regalo que recibimos: "el don de la vida".

Es muy fácil vivir quejándonos de las terribles cosas que nos suceden, de lo complicada que es nuestra existencia, vemos las circunstancias como un terrible castigo, observamos un mundo hostil y lleno de carencias, hacemos berrinches enormes porque las cosas no son exactamente como nos gustaría, nos sentimos vacíos y no vemos salida a esta situación.

- Nunca nos detenemos a pensar que siempre tenemos la gran oportunidad de lograr nuestros más grandes anhelos, cuando damos lo mejor de nosotros.

♥

♡ Falso conformismo

Abandonar nuestros sueños, darnos por vencidos porque no confiamos en nuestras capacidades y negar la frustración que sentimos, nos lleva a un estado de falso conformismo.

Nos vuelve apáticos, envidiosos del bienestar de otros, resentidos, con deseos de venganza y a veces llegamos a un estado depresivo.

Es probable que algunos fracasos hayan formado en nosotros, resistencia al cambio o temor a lo desconocido, por ello preferimos quedarnos donde estamos.

El que no sepas cómo hacerlo, no quiere decir que no puedas. Para reconocer tus habilidades, pregúntate ¿qué harías durante 16 horas diarias, sin cobrar por ello?, esa es tu pasión.

- Nunca es tarde para retomar nuestros sueños.
- Una capacitación adecuada, acción continua y dar lo mejor de nosotros nos lleva a tener logros.

♥

♡ Frustración

Cuando no somos capaces de cumplir un impulso o deseo, nos llenamos de frustración, que se manifiesta como un estado de vacío o de anhelo insatisfecho.

Es natural que a lo largo de la vida encontremos barreras que impiden o dificultan que concretemos nuestros proyectos.

Adquirimos madurez cuando asumimos nuestras limitaciones, también cuando reconocemos nuestras habilidades; y cuando podemos enfrentar las frustraciones producidas por situaciones fuera de nuestro control. Así ocurre cuando nuestras metas y objetivos se construyen sobre una realidad objetiva, yendo más allá de las buenas intenciones.

De una vivencia dolorosa, hay quien elije aprender, reflexionar y obtiene la experiencia que lo lleva a ser flexible, tolerante e incluso lo fortalece. Otros elijen darse por vencidos y no ven la salida.

- ¿Cuál es tu elección?

♥

♡ Integridad

Ser una persona íntegra requiere valor, implica rectitud, bondad, honradez, es ser alguien en quien se puede confiar: aquel que cuando hace una promesa tiene la intención de cumplirla, responde a sus valores adquiridos, a sus convicciones más profundas, no se traiciona a sí mismo.

Continuamente construimos nuestra existencia a través de las elecciones que hacemos, las consecuencias son inevitables tanto para bien como para mal.

Exigir perfección en una persona es una fantasía, sin embargo, podemos dar lo mejor de nosotros mismos. No podemos pedir lo que no estamos dispuestos a dar.

La integridad consiste en esforzarnos cada día por hacer lo que nos parece correcto, en un profundo respeto hacia nosotros mismos.

- Vivir conscientes de que nuestros actos sí hacen la diferencia, nos da mayor capacidad para disfrutar la felicidad.

♥

♡ Nido vacío

Cuando los hijos dejan el hogar para independizarse, irse a vivir solos o casarse y empiezan a realizar su propia vida, el nido se queda vacío.

Saber que no somos tan necesarios como padres, nos genera sentimientos de angustia; en ocasiones, una sensación de inutilidad, y perdemos el sentido, pues todo nuestro esfuerzo estaba centrado en sacar adelante a la familia.

Es muy complicado medir nuestra valía a través de los logros o fracasos de otros, por ello cuando los hijos crecen es un buen momento para crecer también nosotros.

- Procurar una mayor cercanía y comprensión con tu pareja, si se tienes o, en caso contrario, busca una nueva.
- Adquirir nuevos conocimientos, nuevas amistades, retomar los estudios, nos da la oportunidad de adaptarnos a una nueva e irremediable realidad.

♥

♡ Tedio

El tedio es una sensación de "no sentido" que a veces nos llega con fuerza. Pero, sin duda alguna es una experiencia humana que aclara muchas cosas sobre nuestra naturaleza.

A veces podemos sentir tedio por ciertas cosas o por proyectos en desarrollo que de pronto nos aburren; sin embargo, hay un tedio mucho más profundo y doloroso, porque aun repletos de actividades experimentamos un vacío de todo, incluso de nosotros mismos.

Especialmente en el caso de aquellos que ven su vida, sus relaciones y su trabajo como una condena que hay que cumplir.

La falta de ánimo por estar en el lugar, situación o relación equivocada, nos puede llevar a este estado.

- Hay que hacer un esfuerzo por disfrutar las pequeñas cosas de la vida, darnos la oportunidad de enfrentar nuevos retos, nos lleva a la motivación y el cambio.

♥

♡ *Vacío existencial*

El hecho de sufrir agobio por la violencia, apatía y rutinas que enfrentamos a diario, nos puede llevar a creer que la vida no tiene sentido; porque experimentamos un "vacío" que se agudiza y nos resta vitalidad. Son crisis emocionales desencadenadas por tener frustraciones en forma continua, la incapacidad para concretar propósitos individuales como consecuencia de la falta de afecto y de relaciones sociales enriquecedoras.

Para terminar con el vacío existencial debemos:

- Aprender a vivir con gozo.
- Conocer y saber expresar los aspectos que nos agradan de nosotros mismos y de otras personas.
- Compartir momentos de esparcimiento con familiares y personas cercanas.
- Mejorar el contacto físico para profundizar las relaciones de amistad y de amor.
- Conversar sobre las vivencias cotidianas, así como aprender a escuchar.

♥

♡ Búsqueda de seguridad

Quien vive lleno de miedos acumula cuanto tiene a su alcance, aun cuando tenga que pagar precios caros por su voracidad, deja todo para mañana, espera que otros tomen decisiones en su lugar, está pendiente de los actos ajenos y evade sus responsabilidades.

Para algunas personas es difícil enfrentar la incertidumbre, el temor y el sentido de su vida está centrado en la obsesiva búsqueda de una seguridad que no encontrarán en el exterior, sino al desarrollar confianza en la vida y en sí mismos. Esto implica conocerse, valorarse mejor, además de aprender a percibir nuestro potencial.

Lo recomendable es:

- Ser entusiastas, creativos, con capacidad y energía.
- Recurrir a la fortaleza interior para afrontar la adversidad así como el éxito.
- Tomar la decisión de vivir con entereza y esperanza.

♥

♡ Miedo al fracaso

El miedo al fracaso es temor a no alcanzar nuestras metas u objetivos.

El problema no está en el fracaso, sino en las expectativas que tenemos de los resultados.

No tener éxito no significa ser menos valioso ni debemos castigarnos por ello, no existe un solo ser humano al que todo le salga bien.

El miedo deforma la realidad, paraliza. La parálisis genera inacción. La inacción provoca una baja autoestima que termina por llevarnos al miedo, convirtiéndose en un círculo vicioso.

Aceptar que fallar es una posibilidad, nos anima a seguir a pesar de los contratiempos. Cambiar la visión de fracaso por aprendizaje, nos da la oportunidad de ser mejores.

- Cada equivocación es una lección de vida.
- Debes saber que tu valía como ser humano no depende del exterior.

♥

♡ Agradecer

Es natural que cuando los eventos cotidianos nos abruman, nos sintamos inquietos, angustiados o no sepamos cómo enfrentar las situaciones, esto nos genera un gran miedo, podemos sentir un enorme vacío dentro de nosotros, nos sentimos en un estado de fatalismo, pensando en los escenarios más aterradores de un futuro que nunca llegará.

No está escrito en ningún lado que al nacer, una persona esté obligada a saberlo todo, aunque no por ello vamos a evadir la responsabilidad de aprender.

- Agradecer lo que sí tenemos, nos saca de este estado de autolástima, tenemos la oportunidad de trascender estos miedos; ser objetivos con la realidad nos permite tener una visión nueva de los eventos y por lo mismo vemos con claridad las oportunidades que tenemos para solucionar nuestros problemas.

♥

♡ Rigidez

Cuando somos rígidos de pensamiento, tenemos ideas fijas, negándonos a la flexibilidad. Fácilmente clasificamos a las personas y cosas en categorías definidas, somos poco tolerantes a los errores de otros y demasiado autocomplacientes, tenemos juicios marcados acerca de una realidad distorsionada, buscamos los defectos para poder señalarlos. Vemos el mundo en blanco o negro.

Esta actitud nos hace sufrir, viviendo en un estado permanente de carencia.

La vida cambia constantemente y con la rigidez, nos negamos a evolucionar, queremos que el mundo se adapte a nosotros, lo que es imposible.

- Hacer una introspección reconociendo nuestras creencias y patrones de conducta limitantes, nos da la oportunidad de dejar de ser tan estrictos y cambiar nuestra visión. Así, la forma de enfrentar los eventos cotidianos se torna asertiva, nuestras relaciones interpersonales mejoran.

♥

♡ Entusiasmo

Cuando nos sentimos motivados y optimistas encontramos el entusiasmo, esa emoción tan intensa que nos lleva al logro, pues en este estado nos sentimos capaces de vencer los desafíos de lo cotidiano, para resolver los problemas que se presentan y pasar a una nueva situación.

Quien vive el entusiasmo cree en su capacidad para transformar las cosas en sí mismo y en los demás, en su fortaleza para cambiar su mundo y su realidad. Está impulsado por la fuerza y la certeza en sus acciones.

El entusiasmo es una poderosa fuerza que nos hace avanzar a pesar de que las circunstancias no sean las más propicias.

- No quedarnos en buenas intenciones, dejar de justificarnos, tener claros objetivos y una acción decidida, nos lleva a concretar nuestros planes.

♥

♡ Desgaste ocupacional

También conocido como síndrome del Burnout, se confunde con estrés laboral, y es definido por los especialistas como el nuevo mal de este siglo. Es un proceso paulatino de pérdida de interés en el trabajo, o del sentido de responsabilidad, hasta llegar, incluso, a profundas depresiones.

Este síndrome se origina especialmente en personas altamente comprometidas, cuyos intereses profesionales superan los personales, con horarios de trabajo excesivos, incluso cuando el sueldo es inadecuado o cuando el trato es incorrecto.

El trabajo es lo más importante en la vida de los afectados. Debido a fracasos profesionales reaccionan sensiblemente y trabajan más.

Logramos una mejoría al:

- Darnos cuenta a tiempo y pedir ayuda.
- Tener flexibilidad ante los cambios.
- Hallar un equilibrio entre la vida personal y la profesional.
- Poner metas y objetivos, adecuados y realistas.

♥

♡ Honestidad

La falta de integridad se intenta justificar diciendo que todos actúan así, o que es la única forma de salir adelante.

Por el contrario, el valor de la honestidad es sustentar las palabras con los hechos, tener identidad y congruencia para estar orgulloso de uno mismo, es indispensable para que toda relación se forme en un ambiente de confianza y armonía, pues garantiza respaldo, seguridad y credibilidad en las personas, significa no hacer nunca un mal uso de lo que se nos confía.

- Quien es honesto acostumbra cumplir promesas y compromisos por pequeños que puedan parecer, es grato y estimado, amable, correcto, admite cuando se equivoca, su autoestima le motiva a ser mejor, no aparenta lo que no es, lo que proyecta a los demás es verdadero.

♥

♡ Risa

La risa es una medicina gratuita, tiene innumerables beneficios psicológicos, nos hace sentir vivos y reduce el nivel de estrés.

A través del humor mejoramos nuestra relación con los demás. Cuando reímos a carcajadas, ejercitamos todos los sistemas de nuestro cuerpo.

Si aprendemos a encontrar alegría, en lugar de sufrir ante los eventos cotidianos, dejaremos de sentir autolástima, esto nos llevará a la mejor solución a nuestros problemas.

La risa provoca respuestas fisiológicas beneficiosas para nuestro cuerpo, tales como la liberación de endorfinas (hormona que provoca bienestar) y la reducción del cortisol, depresor del sistema inmunológico.

• Enfocarnos en lo positivo y el humor en cada evento, agradecer lo que sí tenemos, tener una autoestima equilibrada y encontrar motivación al logro, nos llevará a la alegría de vivir.

♥

♡ Vigorexia

La adicción al ejercicio o vigorexia es un trastorno o desorden emocional, en el que la percepción de las características físicas se distorsiona. Las personas que la padecen ponen constantemente a prueba su cuerpo haciendo ejercicio en exceso sin importar que sientan alguna molestia. Se enfadan fácilmente y se sienten culpables, si alguien menciona las consecuencias de la vigorexia.

Para aquellos que sufren este trastorno, dejar de ir un día al gimnasio es impensable. Tienen baja autoestima y muchas dificultades para integrarse a sus actividades sociales habituales, son introvertidos y rechazan o les cuesta aceptar su imagen corporal.

Se requiere tratamiento psicológico para poder elevar la autoestima, quitar el pánico al fracaso y modificar la conducta de la persona que la padece.

• Aceptarnos como somos, nos da el equilibrio y la congruencia.

♥

♡ Intolerancia

Las personas pensamos que tenemos la verdad de nuestro lado, nos creemos los únicos que estamos bien, queremos que los demás actúen de acuerdo a nuestra forma de pensar.

Aquellas personas que no saben cómo expresar la frustración o el fracaso, a menudo tienden a manifestarlo como ira, pueden llegar a ser violentos, incontrolables e intratables, las personas intolerantes siempre culpan a un tercero.

El intolerante es incapaz de aceptar la diversidad de ideas, defiende con fiereza lo que piensa, cierra las puertas de la comunicación, el intransigente no cede a ninguna petición por pequeña que ésta sea, pues teme perder su autoridad.

- Detrás de la intolerancia se encuentra el miedo.
- Aceptar la diversidad de pensamiento, preferencia, credo, nacionalidad y etnia, nos da la oportunidad de ser mejores.

♥

♡ Prudencia

La imprudencia nos lleva a emitir información y comentarios no solicitudes, a correr riesgos innecesarios, a juzgar sin tener elementos suficientes.

La prudencia nos ayuda a reflexionar y ser conscientes de los efectos que pueden provocar nuestras palabras y actos; es la capacidad para dejar que la razón rija las acciones de las personas, procurando su beneficio de acuerdo al bienestar común de los que le rodean y de su vida misma.

Debemos evitar tener juicios precipitados o reacciones arrebatadas, que tiendan a convertirse en problemas. Elegir las decisiones adecuadas asegura el éxito. No hay que confundir ser prudente con ser hipócrita, pusilánime o cobarde.

- Pensar antes de actuar, utilizar las palabras adecuadas, conservar la calma, respetar las decisiones de otros, nos permite ser asertivos.

♥

♡ Expectativas

Al crear expectativas proyectamos nuestros deseos tratando de equilibrar nuestras carencias, depositamos ilusiones en situaciones que están fuera de nuestro control, sólo para encontrarnos con la decepción.

Vivimos a la espera de que las personas o situaciones sean como nos gustarían; de encontrar la relación "ideal", de que nuestros padres nos reconozcan, de tener ese maravilloso trabajo o de ser rescatados de la vida que hemos creado y no nos gusta.

Tratar de cumplir las expectativas de otros nos obliga, nos presiona, limita nuestros potenciales y si no las cumplimos se genera un sentimiento de culpa.

- Sentirnos víctimas de las circunstancias y dudar de nuestras capacidades nos enfrenta a la posibilidad del fracaso.
- La responsabilidad de sentirnos satisfechos y tener logros está en nuestras manos.

♥

♡ Dejar el pasado atrás

Cuando vivimos con un sentimiento de insatisfacción o de dolor que no podemos superar, es momento de dejar la historia atrás y continuar con nuestras vidas.

El ayer está muerto y enterrado, y es imposible cambiarlo, el futuro aún no llega, por ello el presente es lo único con lo que contamos.

Quien vive del pasado sólo puede encontrar culpa en eventos de los cuales se sintió avergonzado; resentimiento al recordar constantemente el daño que le hicieron; y frustración pensando una y otra vez en lo que pudo haber sido y no fue.

- Perdonarnos a nosotros y a quienes nos afectaron por lo que hicieron o dejaron de hacer, es el mejor camino para comprender los hechos y tomar la decisión de dejar atrás ese pasado doloroso.

♥

♡ Desprendimiento emocional

Muchas veces nos aferramos emocionalmente a las cosas negativas de alguna persona cercana, estamos pendientes por cada cosa que haga o deje de hacer y asumimos sus responsabilidades propiciando el comportamiento irresponsable de su parte.

Nuestra dependencia llega a tal grado que nos sentimos paralizados si no tenemos su aprobación, somos felices o desgraciados según el estado de ánimo o la conducta del otro. Dejamos de vivir nuestra vida para hacerlo en función de quienes nos rodean.

Para un desprendimiento emocional es fundamental tomar consciencia de que no podemos cambiar las cosas, ni a las personas, no es falta de amor, simplemente es aceptar que "ya no podemos continuar así".

- Tener un proyecto de vida, dejar de victimizarnos, sentirnos eficaces y merecedores reconociendo nuestra valía como personas, es el principio.

♥

♡ Oportunidad

La vida está llena de oportunidades para todo aquel que quiere reconocerlas.

Somos nosotros quienes nos complicamos la vida, recordando constantemente un pasado no resuelto, viviendo pendientes de los actos de quienes nos rodean, culpando a otros por no valorarnos o rehusándonos a hacer un esfuerzo mayor para que las cosas salgan bien.

Envidiamos y descalificamos a quienes se atreven a estar mejor. Detrás de todo esto hay un gran miedo a no ser suficientemente buenos para tener los logros que anhelamos, por ello tratamos de evadir la realidad y dejamos en "buenas intenciones" todos nuestros sueños.

Para tener el enfoque necesario, con el que podamos ver claramente las oportunidades que esperamos, debemos:

- Aceptarnos tal como somos.
- Reconocer objetivamente nuestras capacidades.
- Ordenar nuestras prioridades.
- Dejar de buscar aprobación.
- Aprender a decir no.

♥

♡ Indecisión

Quien es constantemente descalificado por una persona que representa alguna autoridad en su vida, duda de sus capacidades, vive en una indecisión permanente, pues teme que sus elecciones sean inadecuadas. Tener grandes logros con esta carga emocional es complicado.

Recuerda que no existe alguien que todo lo haga mal, tan sólo es una percepción equivocada de nosotros mismos, una creencia que podemos modificar.

Lo recomendable es hacer una lista detallada de las pérdidas que hemos tenido por dudar de nuestras decisiones, eso nos llevará a tomar consciencia y hacer los cambios necesarios.

- Poner metas adecuadas acordes a nuestras capacidades y darnos la oportunidad de equivocarnos, nos llevará a confiar en las habilidades que tenemos para enfrentar las circunstancias de la vida.

♥

♡ El chisme

El chisme es la narración de un hecho verdadero o falso y está asociado a enredar, intrigar y calumniar. Es un hábito altamente destructivo cuyo ingrediente principal es la envidia, se acompaña de malas intenciones al difundir de boca en boca mensajes tergiversados, cuyo objetivo es dañar la reputación de una persona para toda la vida.

Basta con escuchar y repetir. Los chismosos cuentan con un complejo de inferioridad que les lleva a menospreciar a los demás, al murmurar sin razón, viven a través de otros saciando su frustración y poniendo emoción a sus vidas sin sentido. Quien diga que no le incomoda que hablen de él miente.

- Aquel que tiene un proyecto personal de vida además de logros propios, no necesita estar al pendiente de otros.

♥

♡ Valor de la amistad

Uno de los tesoros más grandes que podemos tener los seres humanos es la capacidad para generar relaciones genuinas.

La amistad no se impone, ni se programa, se construye y es un vínculo que nos permite compartir experiencias, conocimientos, se basa en la mutua confianza, en la aceptación de la otra persona tal como es.

Un buen amigo está en las buenas y en las malas, nos hace ver nuestros errores así como nuestros aciertos, nos apoya, escucha y aconseja; en ocasiones, nos disgustamos cuando nuestros puntos de vista no concuerdan, pero siempre terminamos por reconciliarnos.

- Nuestros amigos son nuestros hermanos por elección.

Hoy, date la oportunidad
de disfrutar la vida, incluso
a pesar de tus problemas.

♡ Diversión

En un mundo tan acelerado solemos vivir exclusivamente para hacernos cargo de nuestras responsabilidades, sin embargo, el equilibrio en nuestras vidas requiere también de sana diversión.

Cuando piensas en divertirte, ¿en qué piensas? Es necesario tener satisfacción de los sentidos y disfrutar plenamente de la vida.

Los excesos y enfrascarnos en actividades personales afecta nuestra salud, nos aleja de nuestros seres queridos, empobrece el rendimiento en el trabajo y el desarrollo personal.

El valor de la sana diversión es saber elegir actividades que nos permitan sentirnos a gusto con nuestra existencia, con esto mejoramos nuestras relaciones, disminuimos la ansiedad, tenemos una actitud positiva y encontramos soluciones adecuadas a nuestros problemas.

- Aun durante la diversión es posible crecer y ser mejores seres humanos.

♥

♡ Comunicación

Como seres sociales que somos, las relaciones interpersonales y la comunicación con nuestros semejantes es ineludible.

Todos los seres humanos tenemos infinidad de vivencias e información que nos hace percibir las cosas de una manera única y especial por ello la relación que tenemos con los demás no sólo depende de nosotros, pues la interpretación de nuestro interlocutor es de suma importancia.

Por ello la comunicación es todo un arte. Saber decir y definir lo que queremos y no deseamos de una forma clara y concisa, sin entrar en reproches, descalificaciones, sarcasmos o amenazas, hablando abiertamente —sin rodeos, ni dobles mensajes— acerca del objetivo que buscamos facilita la comprensión.

- Claridad, precisión y objetividad en el mensaje nos llevará a una comunicación eficaz.

♥

♡ Paternidad responsable

La presencia o abandono de un padre impacta profundamente la vida de un ser humano. Tanto la ausencia como la sobreprotección crean desajustes y conflictos emocionales importantes, que pueden acompañar a nuestros hijos a lo largo de su vida.

Nadie tiene recetas precisas, ni toda la verdad acerca de cómo educar a nuestros hijos para que se conviertan en adultos eficaces y responsables, como padres sólo podemos dar lo mejor que tenemos.

Sin embargo, hay elementos necesarios como el hecho de que se sientan amados, pues esto fortalece su autoestima. Si escuchamos atentamente sus necesidades se sienten apoyados, comprendidos y valorados. Dejarlos vivir las consecuencias de sus actos los hace ser responsables.

- Evitemos las promesas rotas.
- La mejor forma de predicar es a través del ejemplo.

♥

♡ Autoengaño

Es normal que cuando las situaciones de la vida nos agobian, usemos como mecanismo de defensa vivir en autoengaño; es decir, pretender que las cosas no suceden o maquillarlas en nuestra imaginación, equivale a un avestruz metiendo la cabeza en la tierra.

Todo problema que es atendido se resuelve, conozco gente que durante años se queja de la misma historia, culpando a otros de sus pesares, esto es porque evade la responsabilidad de enfrentar su realidad pretendiendo que no existe.

La solución no siempre está al alcance de nuestras posibilidades, buscar ayuda cuando no sabemos qué hacer es una forma de poner remedio.

- Alimentar el autoengaño evadiendo cualquier responsabilidad, prolonga el sufrimiento, ¿quieres seguir viviendo así?

♥

♡ Confianza

Su padre los abandonó cuando ella tenía dos años, Claudia se casó muy joven y a los 21 años era viuda con dos hijos, poseía todos los elementos para perder la confianza: en todo y pensar que el mundo es un lugar hostil. Había dos opciones sentirse víctima de la vida y depender de sus parientes o salir adelante, eligió confiar en sí misma. "Que sí hay gente buena, que hay oportunidades para quien desea tomarlas", ella sabía que en un mundo tan competitivo no bastaba con buena voluntad, además de trabajar en su tiempo libre se capacitó. Hoy es muy fácil hacerlo a través de Internet. Su esfuerzo dio frutos los hijos crecieron y son gente preparada, Claudia tiene una vida plena.

- Si ella pudo, todos podemos.

♥

♡ Comer

Cada vez que sentía ansiedad, miedo o dolor, calmaba su estado de ánimo a través de la comida, tan pronto como llegaba a su boca, se avergonzaba y comenzaba a insultarse, su objetivo era anestesiar el vacío existencial llenando el estómago, no tenía consciencia de las enormes cantidades de alimento que consumía, se repetía una y otra vez que su obesidad se debía a problemas hormonales y que no entendía cómo comiendo tan poco pesaba tanto.

La obesidad es un problema de salud enorme, resolverlo no es costoso, hay centros de salud y grupos de ayuda que son gratuitos.

- Si en ocasiones pensamos que estaríamos dispuestos a morir por alguien que amamos, qué pasaría si hoy eliges vivir por ti y regalarte la oportunidad de cuidar tu salud.

♥

♡ Malos hábitos

Joaquín vive quejándose de lo poco que lo valoran en el trabajo, de lo hostiles que son sus compañeros, del jefe tan inepto que tiene, de esa cruz tan grande que le toco cargar con esa familia tan despilfarradora y desconsiderada. Nadie quiere estar junto a él. Joaquín no se da cuenta de que la vida se construye con pequeños detalles, son nuestros hábitos de conducta lo que hacen de nuestra vida lo que es.

La negatividad, la amargura, el enojo de todo y con todos, genera mucha frustración. Agradecer lo que sí tenemos, valorar a nuestros seres queridos y hacer un esfuerzo por ver las circunstancias positivas en nuestras vidas nos acerca a una vida plena y feliz.

• Basta con desear un cambio para empezar lo a tener.

♥

♡ Tía Ramona

En el patio de la tía Ramona había una enorme jaula llena de pájaros, su canto alegraba el lugar, ella se sentía orgullosa cuando se refería a sus maravillosos canarios.

En alguna ocasión me acerqué a la jaula, vi con horror que todas las aves tenían un ala cortada, conservaban la habilidad de cantar pero no podían volar.

Cuando les resolvemos a nuestros hijos todos sus problemas para que no sufran en el afán de hacerles la vida más sencilla o vivimos rescatando a un ser querido de las consecuencias de sus actos, nos comportamos como la tía Ramona, les quitamos la oportunidad de saberse eficaces reconociendo que tienen la capacidad de salir adelante solos.

· La sobreprotección es también una forma de abandono.

♥

♡ Falta de comunicación

Un día, mientras comía en un restarurante observé a una familia conformada por los padres y un niño de aproximadamente cuatro años de edad. Mientras los adultos platicaban, el niño estaba absorto en un juego electrónico, cuando trataban de quitarle el dichoso aparato el niño respondía con tremendos chillidos que se escuchaban en todo el lugar, total que resultó imposible que lo soltara.

Este hecho me hizo reflexionar acerca de lo sencillo que nos parece entretener a nuestros hijos de esa manera, olvidamos la discapacidad que están adquiriendo para relacionarse con otras personas. Pero eso sí, cuando los vemos aislados corremos al psicólogo para ver si los puede arreglar, todo por comodidad.

· Nuestros hijos necesitan ser amados, abrazados, atendidos y acompañados, pues esto formará sus futuras relaciones.

♥

♡ Comida y emociones

Para algunas personas el vínculo entre la comida y las emociones es inevitable, por ello es complicado seguir una dieta, más aún si se ponen objetivos a muy corto plazo o metas inalcanzables. Esto genera ansiedad, la cual se manifiesta físicamente, aumentan los niveles de adrenalina y se reduce el autocontrol.

Es cierto que algunos alimentos nos pueden llevar a sentirnos queridos, elegidos y acompañados. Sin embargo, la saciedad que provoca el comer en exceso nos podría llevar a sentir de forma temporal que llenamos los vacíos existenciales; no obstante, el precio que pagamos por ello es muy elevado, pues dañamos irreversiblemente nuestra salud.

- Tomar consciencia de nuestros hábitos, descubrir las emociones que evadimos con esta conducta, así como aprender a tener tolerancia y renunciar a la gratificación inmediata, hará el cambio.

♥

♡ Elegir pareja

Cuando de encontrar pareja se trata, observamos la atracción física, la compatibilidad, el enamoramiento, la personalidad.

Sin embargo, en muchas ocasiones no sabemos por qué nos relacionamos con cierto tipo de personas, esto no es por casualidad.

Los subconscientes se atraen, la posibilidad de repetir patrones familiares, tratar de cubrir una necesidad o llenar algún vacío existencial nos pueden llevar a elegir a la persona equivocada.

Por ello la programación emocional adquirida en la infancia o adolescencia es importante, pues nos lleva a tomar decisiones con base en las creencias que tenemos sobre nosotros y los demás.

- Las relaciones no llegan de forma abrumadora, se construyen.
- Encontrar la plenitud y madurez emocional, nos llevará a relacionarnos con una persona semejante.

♥

♡ Autocuidado

Todo cuanto nos rodea es un fiel reflejo de nuestra personalidad. Fui a una clase de yoga en una casa cuya fachada estaba en buenas condiciones pero por dentro el deterioro era evidente, los muebles y la decoración parecían de los años cincuenta, la madera carcomida, las paredes llenas de humedad, con cierto olor a sucio.

Esto me hizo reflexionar sobre el abandono y el maltrato que algunos seres humanos nos damos a nosotros mismos, vivimos de prisa, malcomemos, estamos dispuestos a hacer todo por los demás, pero poco hacemos para sentirnos plenos y contentos, anteponemos las necesidades de otros por encima de las nuestras, todo con tal de ser aceptados.

- Amarnos, cuidarnos, aceptarnos y respetarnos podría marcar un gran cambio en nuestras vidas.

♥

♡ Ninis

En México existe una generación de jóvenes cuyas edades oscilan entre los 14 y 29 años, que ni estudian ni trabajan. Los llamados ninis, según los datos de la Universidad Autónoma de México son 7 millones, y se menciona una gran cantidad de factores que puede estar creando este fenómeno: la frustración de no encontrar un trabajo o vocación, la sobreprotección paterna, el desánimo ante las circunstancias que les tocó vivir; la lista es interminable, lo importante es que estamos perdiendo de vista que tenemos a 7 millones de personas insatisfechas sin un proyecto de vida.

- ¿Qué va a pasar con los ninis cuando sus padres no estén? ¿Qué actitud responsable podemos asumir como padres para evitar que nuestros hijos se conviertan en ninis?

♥

♡ Recuento de vivencias

Estuve en una reunión de amigos, en la cual uno de ellos tomó la palabra para hacer un recuento de las vivencias, lo único que recordó fueron momentos agradables, la mayoría de los presentes ni siquiera se acordaba de haber estado en los lugares que él comentaba.

Ese hecho me hizo cuestionarme lo acostumbrados que estamos a quejarnos de lo que no hay.

- Qué pasaría si en lugar de pensar en mis problemas, al levantarme en las mañanas, hiciera un recuento de lo que sí tengo, de lo que sí he logrado, de los momentos en los cuales he sido feliz, de las situaciones que me han causado gran alegría en la vida, en todas esas personas que amo y me aman. Estoy segura que la vida sería diferente, ¡inténtalo!

♥

♡ Lastres

Hace poco vi a una persona tratando de realizar un trámite, a mayores esfuerzos que el cliente hacía, más motivos encontraba la empleada para decir no. Lo único en que pude pensar cuando veía a esta mujer negando el servicio, fue en un gran lastre. Cuántas veces algo que pudiera parecer sencillo de realizar, se convierte en una pesada tarea por todos esos lastres que ponemos en el camino.

Cada vez que no cumplimos una promesa, que somos necios, que no somos considerados, que no hacemos esa llamada o que no enviamos un correo, negamos la realidad, evadimos una responsabilidad, o no somos puntuales, nos convertimos en el gran lastre de nuestra propia existencia.

• Lo peor de todo es que ni siquiera nos damos cuenta.

♥

♡ Comprar afecto

A todos los padres nos gustaría dar más de lo que tenemos a nuestros hijos, para que ellos tengan una vida mejor que la nuestra. Hay quienes renuncian a comodidades con tal de que sus niños no sufran carencias.

Vivir en una sociedad como la nuestra nos ha evitado tener tiempo para estar con nuestros seres queridos y esto nos hace sentir culpables.

En estas circunstancias valdría la pena hacer una reflexión y saber si estamos siendo proveedores de sus necesidades como seres humanos o, por el contrario, estamos comprando su afecto con bienes materiales, todo esto provocado por la misma culpa.

• Sobreproteger a nuestros hijos también es una forma de abandono ya que no les permite darse cuenta de lo capaces que son de enfrentar la vida y terminan dependiendo de otros.

♥

♡ *Motivación*

Para salir adelante no basta con tener buena voluntad. Es natural que en algunos momentos de la vida nos sintamos desanimados, nos paralicemos esperando que algo grande suceda y cambie nuestra suerte. "Así puede pasar una vida entera".

No es cierto que una persona sea indeseable o un completo inútil. Si quieres motivarte para encontrar un empleo, tener pareja, bajar de peso, hacer ejercicio o en cualquier otra área de tu vida, el "para qué" es el principio; postergar no es opción. Los pequeños y grandes logros que vayas teniendo a lo largo del camino, son los que te darán la motivación que estás buscando, sólo experimentando el bienestar lograras sentir la fuerza que requieres para salir adelante.

• El siguiente paso es la acción.

❤

♡ Sigue adelante

A veces los problemas nos agobian, si bien es cierto que por estar vivos es inevitable enfermarnos, tener problemas y morir, también es una realidad que la vida que tenemos la construimos día a día.

Si sientes que en este momento no sabes qué hacer o cómo enfrentar las situaciones que te aquejan, no te preocupes, sigue adelante.

A todos los seres humanos nos ha sucedido igual. Es natural que cuando estamos en medio del huracán nos sintamos angustiados, pero recuerda, a lo largo de tu vida ha habido momentos desagradables y siempre has superado la adversidad, hoy no tiene porque ser diferente, ¡tú puedes!

• ¿Qué consejo le darías a un ser querido para solucionar un problema parecido al que tienes hoy? Ahí está la respuesta.
• ¡Elije ser feliz!

❤

♡ No renuncies

¿Piensas qué la vida nunca cambiará?, ¿qué las situaciones se repetirán una y otra vez hasta el cansancio? Si las cosas son las mismas, es porque tu actitud no cambia, tú puedes hacer que tu historia sea diferente.

No se trata de hacer decretos positivos, sino de tomar en este momento la decisión de vivir pleno. ¿Sabes en realidad qué esperas de la vida? ¿Qué tienes que hacer para lograr tus sueños? ¿Cuáles son tus creencias negativas? ¿Estás bien capacitado para hacer lo que quieres?

- Ponte metas adecuadas, así será más fácil llegar a donde quieres. La disciplina y el esfuerzo continuo te llevarán a concretar lo que deseas.
- No renuncies a la oportunidad de ser la mejor versión de ti mismo sólo por temor a lo desconocido.

♥

♡ Empatía

La empatía es "una habilidad para ponernos en los zapatos del otro", y la capacidad para escuchar sin emitir juicios, ni consejos. Esta habilidad no obliga a estar de acuerdo con los demás, tampoco implica dejar nuestras convicciones, sino ser compasivos y comprender que todos tenemos millones de razones para ser como somos.

Podemos estar en completo desacuerdo con alguien, sin por ello dejar de respetar su posición.

Si reconocemos las necesidades de quienes nos rodean, podemos cambiar nuestra forma de actuar y siempre que tengamos un sincero interés nuestras relaciones personales, serán mejores.

La empatía nos hace ser cálidos, vivir libres de resentimientos y ataduras del pasado.

- ¿Eres empático contigo mismo?

♥

♡ Duelo

¿Te imaginas qué sucedería si en lugar de tirar la basura, se acumulara en nuestras casas? Eso nos sucede a nivel emocional cuando no cerramos el pasado, perpetuamos el dolor de lo sucedido y no sanamos la herida.

Para terminar los ciclos, primero tenemos que dejar la negación, pretender que no sucede nada no arregla la situación. En segundo lugar, liberar la ira de una forma moderada, nos da la oportunidad de poner acción. En tercer lugar, el regateo, ¿pudo ser diferente o mejor? Cuarto lugar, una pequeña depresión, que nos permitirá saber si en alguna parte somos responsables de lo que sucedió.

- Así llegamos a comprender lo sucedido, con ello las heridas no se borran, pero cicatrizan y podemos continuar libres de la carga del pasado.

♥

♡ Compasión

Luisa está pendiente de todo lo que hacen quienes la rodean, vive criticando desde su pedestal de perfección. Nadie sabe cuándo tomó la decisión de convertirse en el juez de la humanidad. Su espalda rígida, sus facciones duras y la permanente soledad, son la muestra del doloroso estado en el que vive.

Con esta conducta Luisa trata de evitar enfrentar el presente y la angustia que le causa su realidad, por ello prefiere descalificar a quienes la rodean, pero no lo logra.

- Si tomara en cuenta que no hay un solo ser humano con una vida perfecta, que todos tenemos muchas razones para ser como somos, y la compasión de ponerse en los zapatos del otro tuviera cabida en su corazón, se daría la oportunidad de ser feliz.

♥

Justificación

Juan vive soñando en el momento que llegará su gran oportunidad, el tan anhelado día en que hará ese maravilloso negocio que lo hará millonario de la noche a la mañana. Mientras eso sucede las deudas se acumulan, al igual que los problemas familiares. Tiene años quejándose de lo mismo. Ha justificado tanto el porqué no logra sus metas, que ha terminado por creer sus propias historias.

Lo que Juan no sabe, es que el miedo lo paraliza. Que mientras siga culpando a los demás de lo que le sucede, actuando el papel de víctima, no tiene la oportunidad de cambiar nada.

- El día que Juan decida hacerse responsable de sus actos, enfrentar sus miedos y poner acción para lograr sus metas, su vida se transformará.

♥

Miedo a no tener lo que quiero

Cuando tenemos un proyecto nuevo es normal tener algunas dudas, muchas veces tenemos miedo a no tener lo que queremos, por ello entramos en estados de ansiedad y fatalismo.

Esta angustia lejos de ser un motor que nos impulsa es un lastre que no nos permite avanzar, pues comenzamos, sin darnos cuenta, a boicotear el progreso.

Perdemos el enfoque haciendo más de una cosa a la vez. Culpamos a los demás de nuestros errores y dramatizamos los hechos. Dejamos a un lado lo importante y nos ocupamos de lo intrascendente, la lista es interminable.

- Recuerda hacer una lista detallada de prioridades y tener un plan de acción.

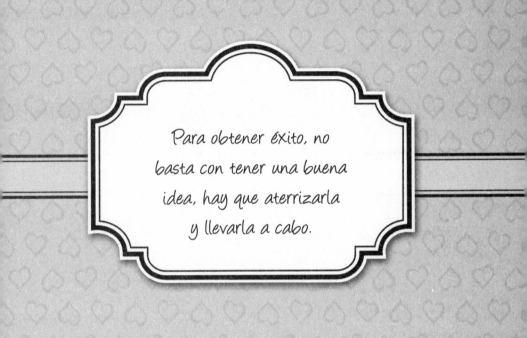

Para obtener éxito, no
basta con tener una buena
idea, hay que aterrizarla
y llevarla a cabo.

♡ Haz que la vida suceda

Hoy es el primer día del resto de tu vida, ¿qué vas a hacer? Es natural que por momentos el desánimo nos tome desprevenidos; sentir que no podremos lograr lo que queremos genera ansiedad, pues alguna historia de derrota nos ha hecho sentir que no tendremos éxito.

Hay quien elije ver retos a superar, en lugar de problemas y al fracaso le llama aprendizaje.

Siempre has logrado salir adelante, hoy no tiene por qué ser diferente, confía en ti, ¡tú puedes!

- Está en tus manos tomar la decisión de transformar tu vida. Esta vez es por ti y va por ti.
- Suelta el pasado, ten entusiasmo, pon acción y haz que la vida suceda.

♥

♡ Actitud propositiva

Ella reclamaba su falta de atención y él hacía un recuento de todas las ocasiones en que había estado presente, evidentemente no pudieron llegar a ningún acuerdo, él cedió visiblemente contrariado, era notorio su deseo de irse del lugar, ella airosa tomó control de la situación. Pudo ser al revés, él podría haber dejado la plática a medias y ella sentirse profundamente abandonada y sola.

Esto es el pan nuestro de cada día. Las relaciones de pareja pueden ser plenas si se construyen conscientemente. Se requiere un esfuerzo por parte de los dos, la comunicación es básica. En gran parte lo que siento hoy es una respuesta a lo que viví en el pasado, debemos reconocer que nuestra pareja no tiene la culpa de nuestras dudas, miedos e inseguridades.

• Una actitud propositiva hace la diferencia.

♥

¿Qué puedes hacer diferente?

A menudo pensamos en lo maravilloso que sería que un golpe de suerte transformara nuestras vidas. Buscamos los espacios en donde nos sentimos seguros, queremos que las cosas resulten sencillas, fáciles y nos exponemos muy poco. Deseamos que las cosas sean distintas, nos frustramos porque no cambian, sin notar que seguimos haciendo lo mismo.

En la vida no hay seguridad, sólo oportunidades. Arriesgarse es hacer las cosas sin saber el resultado, sin tener la certeza de que obtendremos lo que queremos. Lo hacemos para alcanzar una meta, pero también por el placer de hacerlo.

• Hacer algo diferente significa obtener resultados diferentes.

♥

♡ Vanidad

El vanidoso vive centrado en sí mismo y sus deseos, tratando de demostrar excesiva confianza y la creencia de tener capacidades muy por encima de las de otras personas; por su forma distorsionada de afirmar y vivir la existencia tiene comportamientos como la arrogancia y deseo de ser admirado sobrevalorando su méritos, pues exagera cuando habla de sus virtudes e historias.

El vanidoso vive descalificando los aciertos de otros, intenta engrandecerse a sí mismo en el deseo infructuoso de cubrir su inseguridad, esta actitud demuestra que en ocasiones la vanidad suele ser mayor que la inteligencia.

Detrás de esto hay un profundo miedo a no ser suficientemente bueno como ser humano.

- Para tener un equilibrio en nuestras vidas necesitamos cuidar la salud, procurarnos seguridad, tener pertenencia, autoestima sólida y autorrealización.

♥

♡ Construir

Nada es casualidad, y Roberto de pronto pierde de vista que todas las relaciones que tiene deben construirse, lo que le sucede todos los días es una consecuencia de las elecciones que toma. Pero él vive en una queja permanente de lo complicado que es enfrentar la vida, si no vienen los demás a rescatarlo y le solucionan la vida, le resulta muy fácil culpar de lo que le sucede a quienes lo rodean. A final de cuentas, tanto si se engaña como si no, las consecuencias de sus actos lo alcanzan tarde o temprano, en ocasiones las pérdidas son irreparables.

• No se trata de que Roberto sea un santo, sino de que abandone su actitud infantil y tome consciencia de que puede transformar su vida haciéndose responsable de sus actos.

♥

♡ Vivir satisfecho

¿Alguna vez te has detenido a reconocer de manera objetiva tus logros? ¿Te has dado la oportunidad de agradecerte lo que has hecho por ti? Las circunstancias de la vida no son sencillas y las has enfrentado con las herramientas que has tenido y siempre sales adelante, quizá no tienes lo que quieres, pero ¿qué pasaría si empiezas por amar lo que sí tienes?

Más allá de un pensamiento mágico, qué cambios podría provocar en tu vida el hecho de que empezaras a agradecer quién eres y de dónde vienes.

• Se vale tener consideraciones con uno mismo y dejar de castigarse por no ser quien nos gustaría.
• Ten una charla contigo, empieza por aceptarte como eres, y entonces sí te puedes preguntar qué puedes hacer hoy para mejorar.

♥

♡ Tener que ser

Irma crea expectativas proyectando sus deseos, tratando de equilibrar sus carencias, deposita ilusiones en situaciones que están fuera de su control, sólo para encontrar la decepción.

Todo el tiempo se la pasa en espera de que las personas o situaciones sean como le gustaría, espera encontrar la relación "ideal", que sus padres reconozcan sus méritos, tener ese maravilloso trabajo o ser rescatada de la vida que ha creado y no le gusta.

Tratar de cumplir las expectativas de otros la obliga, la presiona, limita su potencial y no cumplir dichas expectativas le genera un sentimiento de culpa.

Vive sintiéndose víctima de las circunstancias y duda de sus capacidades, esto la enfrenta a la posibilidad del fracaso.

- La responsabilidad de sentirse satisfecha y tener logros está en sus manos.

♥

♡ Plenitud

Eduardo tiene un gran miedo a ir más allá de lo conocido, vive saboteado su existencia, paraliza sus proyectos, rompe sus afectos, y se queda en medio de una profunda autolástima, todo el tiempo piensa que nada tiene solución.

A lo largo de toda su vida ha transitado por infinidad de caminos, buscando la tan ansiada libertad; sin embargo, Eduardo ha tenido que reconocer que él ha sido quien se ha autoimpuesto una prisión.

UN ABRAZO AL CORAZÓN

Cada vez que vive en el pasado, cuando siente un gran enojo porque las cosas no son como quisiera, cuando las personas no son como él desea, cuando no hacen lo que les dice o eligen irse.

- Relacionarse de manera diferente, hacer cosas nuevas, atreverse al cambio provocará la diferencia en los resultados.

♥

♡ Decir adiós

¡Qué difíciles son las despedidas!, cuando no estamos preparados para soltar el pasado, pensamos que la gente nos abandona en lugar de tomar consciencia de que simplemente se va porque así conviene para sus y nuestros intereses.

Para tener relaciones sanas es necesario dejar ir las viejas historias, no podemos vivir añorando lo que pudo haber sido y no fue, pues evita que en el presente disfrutemos de lo que sí tenemos.

Después de algún tiempo tenemos la tendencia de idealizar las situaciones y olvidamos las verdaderas razones que nos llevaron a tomar la decisión de terminar una relación, una circunstancia o una sociedad.

- Cuando un ciclo se termina no necesariamente se tiene que acabar la vida, por ello es tan importante saber decir adiós.

♥

♡ Tecnología

Llegar a un lugar y ver que la mayoría de las personas están chateando en su celular se ha vuelto una situación común, si bien en las últimas décadas el avance en la tecnología ha sido extraordinario, somos nosotros quienes le hemos dado un mal uso, pues estos aparatos acercan a quienes están lejos y alejan a quienes están cerca.

Se ha vuelto más sencillo relacionarse con un aparato que con un ser humano. Esto es porque el aparato no requiere de ningún esfuerzo ni compromiso, y de intimidad ¡ni hablamos!

El asunto es que nos estamos volviendo más egoístas y nos aísla, en sí las relaciones humanas son complicadas, y si le sumamos la no comunicación personal estamos en problemas.

- ¿Tu celular y tu computadora te abrazan?, ¿te comprenden?

♥

♡ Victimización

Carlos está acostumbrado a anestesiar su realidad enfrentando la vida como víctima de las circunstancias, esto le da la oportunidad de evadir su responsabilidad. Suele buscar de forma sutil, en un profundo autoengaño, los pretextos oportunos para justificar la razón por la que no logra sus objetivos en la vida, ve al mundo como un lugar hostil, falto de oportunidades.

A veces es el jefe, la familia, los amigos o el gobierno, siempre encuentra al tirano perfecto, y si no su mala salud es el camino, tiene toda clase de padecimientos extraños, que le permiten vivir en una queja eterna, ser el centro de atención.

- Lo que Carlos no alcanza a ver es que el más perjudicado es él, pues cuando los que lo rodean se cansen de cargar con él se irán.

♥

♡ Mitómano

José vive creando historias fantásticas de lo que le sucede, engrandece su realidad contando mentiras, las ha repetido tanto que ha terminado por creer algunas de esas mentiras, desfigurando así la idea que tiene de sí mismo, disfrazando la valoración disminuida que tiene de su propia vida. José recurre a esta conducta constantemente sin tomar en cuenta las consecuencias, con tal de maquillar una vida que considera gris, aburrida e intolerable, y de la cual está cansado.

Lo que más busca es poder tener la estima de quienes lo rodean, y mentir es su forma de llamar la atención. Cree que nadie se da cuenta pero no puede engañar a todos ni todo el tiempo.

- Lejos de ser visto con agrado, su actitud aleja a las personas de su vida, en especial a los más cercanos.

♥

♡ Falsas promesas

A pesar de sus carencias tanto económicas como afectivas, Pablo es un buen hombre, ama a su familia pero es un tanto irresponsable, tiene grandes sueños pero poco hace por alcanzarlos, piensa que de alguna manera los logros llegarán por sí mismos.

Él comparte esos deseos con sus hijos, tiene buena voluntad, pero no se da cuenta del daño tan profundo que les hace comprometiéndose a hacer algo que no cumplirá.

Además de la decepción, sus hijos irán perdiendo poco a poco la confianza en los demás y en sí mismos, creerán que no cumplir la palabra empeñada no tiene consecuencias, darán más voz a la fantasía que a la responsabilidad. Su capacidad para ver logros y concretar sus metas se verá disminuida.

- Las promesas rotas dejan huella.

♥

♡ De cara al fracaso

Quien vive el síndrome del fracasado tiene la sensación permanente de haber fallado, de no haber logrado nada, de no tener posibilidades, aun cuando esto no corresponda a una realidad, pero el resultado es que siente insatisfacción y frustración consigo mismo y con su vida, esto puede llevarle a un estado de renuncia, abandono y desaliento, pierde la iniciativa, la capacidad de lucha, la fortaleza y cae en fases depresivas. Nadie es un completo fracaso. Al enfrentar de cara la derrota es natural tener emociones intensas, dolorosas, el fracaso se sufre, pero mejoramos en muchas áreas si decidimos aprender la lección.

Lo que hace la diferencia es:

- Enfocarnos en la solución.
- Observar y corregir nuestros errores.

- Hacer un plan de acción detallado.
- Aprender a reconocer nuestros logros.

♥

♡ Desilusión amorosa

Recuerda que cuando te enamoras y te aferras a alguien que no te corresponde, lo que haces es evitar que llegue tu felicidad con otra posible pareja, además, te alejas de la posibilidad de estar enamorado y ser correspondido. Ésta puede ser una actitud a la que recurrimos como una forma para evitar relacionarnos porque tenemos miedo.

Aceptar en nombre del amor: desprecio, infidelidad, mentira o maltrato, son síntomas de una actitud codependiente.

De ahí la importancia de curar las heridas emocionales que deja una desilusión amorosa.

Querer vivir en permanente enamoramiento, te lleva a tener parejas inestables, en desilusión y abandono.

Recuerda que:

- Las relaciones se construyen día a día.
- Debes tener una autoestima sana.
- Debes poner límites adecuados.
- Debes ser objetivo con la realidad.

♥

♡ Aceptación

Al estar en una cafetería recibí una gran lección, pues al lugar llegó una joven de unos 30 años, que traía puesto un vestido blanco, el cual no tendría mayor relevancia de a no ser por un pequeño detalle: en lugar de piernas tenía dos prótesis metálicas. La aceptación y dignidad con que asumía a su realidad son un gran ejemplo para cualquiera. En ese momento sentí un gran respeto y admiración, por un ser humano lleno de fortaleza ante la adversidad; seguramente quienes están en contacto con ella se sienten motivados a ser mejores. No conozco nada de su vida sólo lo que vi, una mujer valiente, llena de vitalidad, su alegría por vivir es evidente.

• Un gran ejemplo para todos aquellos que a la menor contrariedad se dan por vencidos.

♥

♡ Autolástima

Hay quienes ante lo abrumador de su existencia, anestesian el dolor interno con grandes dosis de autolástima, buscan tiranos a quienes culpar de lo que sucede, esto les permite evadir su responsabilidad.

A la larga, esto termina por convertirse en un problema, pues quien actúa de esta manera adquiere una sensación de inutilidad y desamparo en algunas áreas de su vida.

Observar de forma sostenida cada momento en el que nos sentimos víctimas de las circunstancias acaba con el hábito de sentirnos fracasados e impotentes, nos da la oportunidad de quitarle el peso del drama a los sucesos diarios, nos da claridad para resolver los problemas de una forma objetiva en lugar de esperar a que los demás nos rescaten.

- Nadie puede proporcionarte una mejor vida que la que tú puedes planear.

♥

♡ Celos intensos

Los celos intensos de Celia le provocan sentimientos de inseguridad, autocompasión, hostilidad y depresión. Su actitud se torna destructiva, convirtiendo su relación en amor-odio. Vive pensando que Martín está implicado emocional o sexualmente con otras mujeres.

Para bailar un vals se necesitan dos, Martín se siente amado a través de esta relación y deja rastros de sus continuas infidelidades para provocarla, Celia busca motivos para alimentar estas emociones, lo acosa y persigue, ambos viven en un profundo sufrimiento.

Ella está pendiente de todos y cada uno de los movimientos de él, para evitar la enorme responsabilidad de enfrentar su vida. No hay recompensa suficiente para pagar el enorme precio de vivir en ese infierno.

- La diferencia se logra al reconocer y cambiar nuestras actitudes negativas, así como al esforzarnos por amarnos.

♥

♡ Deslealtad

Bernardo no alcanza a comprender la traición que sufrió por alguien en quien depositó su confianza, vive lleno de ira y vergüenza, con deseos de venganza; guarda rencor o entra en depresión.

Esta actitud sólo lo daña a él, porque la desconfianza permanente le hace percibir la vida con amargura.

Sólo Bernardo puede tomar la decisión de afrontar la verdad, asumir la parte de responsabilidad que le corresponde y liberarse del infierno del resentimiento; analizar las causas y comprender que quien lo dañó lo hizo desde su propio dolor y carencias. Quien traiciona está lleno de miedo y prejuicios.

- Dejar de vivir recordando la traición le permitirá soltar el lastre de un pasado doloroso y dará lugar a un crecimiento personal.

♥

♡ Desinterés

El desprendimiento saludable y el verdadero desapego son signos de equilibrio mental y emocional.

Pero Felipe se confunde pues vive en una anestesia emocional generada por la indiferencia con que enfrenta la vida, es insensible y abandona todo con facilidad, esta actitud puede paralizar su crecimiento interior, le endurece la identificación con el afecto y la compasión, se mantiene en un aislamiento interior, aunque en lo exterior resulte muy sociable o, incluso, simpático.

Aunque en apariencia sus relaciones están repletas de empatía y encanto, él es totalmente indiferente hacia los demás. Tiene una actitud neurótica, auto-defensiva por miedo a ser herido, juzgado o ignorado.

- Tomar la oportunidad de abrir sus emociones, aun a riesgo de sufrir, pero asumiéndolo en una mejora personal, dará un cambio radical a su vida.

♥

♡ Desconsuelo

Es completamente normal que Marina esté triste de vez en cuando. Quizá no logró todo lo que deseaba, extraña a alguien, se siente rechazada o impotente ante algo que no puede cambiar. Hay muchas razones por las que puede sentir tristeza.

Esto hace que todo lo vea a través de un "cristal empañado", los eventos cotidianos se vuelven grises, los buenos momentos se hacen invisibles, y Marina deja ir oportunidades; y, en una falsa realidad, empieza a creer que "nadie la quiere" o "todos quieren hacerle daño", recordemos que la tristeza no atendida puede convertirse en depresión.

Si Marina ve las emociones como algo que intenta transmitirle lo que sucede en su interior, puede regularlas y liberarse fácilmente de esa carga negativa.

- El llanto y la aceptación de las propias emociones son parte de la liberación.

♥

♡ Compromiso personal

Te has cuestionado cuántas veces estás haciendo cosas que no quieres hacer por miedo al rechazo, por no poder poner límites, tan sólo por quedar bien con otros o evitar decir "no" a tiempo.

El compromiso es lo que transforma una promesa en realidad. Es sencillo comprometernos a terminar un trabajo, a llegar a tiempo, a hacer algo por otros, pero pocos nos preguntamos hasta dónde estamos comprometidos con nuestra vida, con nuestros propios sueños.

Seguir haciendo lo mismo sin encontrar satisfacción en lo que hacemos, por tratar de cubrir las expectativas de otros, nos lleva a la frustración. ¿Qué necesitas para darte cuenta de lo valiosa que es tu vida?

· Hoy elige darte la oportunidad de ser feliz y tener la vida que deseas.

♥

♡ Los valores valen

¿Puedes imaginarte un mundo sin generosidad, compromiso, lealtad, solidaridad, compasión, y demás valores tan importantes para la buena convivencia de todos los seres humanos?

La vida cotidiana nos absorbe y nos perdemos en el egoísmo, pasamos encima de lo que sea para cubrir nuestros intereses, tal parece que esperamos que todos estén atentos a nuestros deseos y necesidades, pocos volteamos a ver en qué podemos ser útiles a otros, aun cuando se trata de nuestros seres queridos. No tener valores nos lleva a carecer de aquello que hace nuestra vida más humana.

• No se trata de vivir en un mundo ideal o de fantasía, se trata de hacer un esfuerzo por dar lo que queremos recibir para llegar a ser la mejor versión de nosotros mismos.

♥

♡ Corrupción

Nos gusta pensar en salidas fáciles, en remedios mágicos que nos eviten la fatiga de esforzarnos por construir lo que queremos en esta vida.

Los que cobran por un servicio que no hacen, venden kilos y litros de 800, se quedan con el cambio, pasan largas horas jugando en Internet, no cumplen con los horarios, ni con los compromisos establecidos, los que se pasan de vivillos con el pretexto de "¡qué tanto es tantito!" se convierten en el primer eslabón de la cadena de corrupción.

Como individuos podemos hacer mucho, ¿qué pasaría si más de cien millones de personas elegimos hacer el cambio viviendo con ética y ayudando a una persona? Seguramente, la diferencia sería abismal.

• ¿Quieres ser parte del problema o de la solución?

♥

♡ Dobles mensajes

"Si llama dile que no estoy", "no le cuentes a nadie", "muchacho tarugo no sirves para nada", "eres una carga", "vete de aquí", "si te da cambio de más no lo regreses", "mi hijo salió igual de machito que yo", "aprende a ser mujercita para que atiendas bien a tu marido", "¿no puedes entender que estorbas?"

Estas y muchas otras son frases que oímos a diario en muchos hogares, valdría la pena hacer una reflexión sobre lo que les enseñamos a nuestros niños, porque seguro lo van a repetir a lo largo de su vida.

Los dobles mensajes familiares hacen que una persona pierda objetividad en su vida adulta. Con base en repeticiones terminamos por ver normal lo anormal.

- ¿Cómo quieres que vivan tus hijos?

♥

♡ Necedad

Aquel que es necio, tiene tanto miedo a equivocarse, que en su afán perfeccionista, no permite que sus verdaderos talentos salgan a la luz, es prepotente, abusivo, imprudente y vive desorientado.

El necio sostiene de forma obsesiva cualquier idea que hay en su mente, toma decisiones arrebatadas cuyas consecuencias son negativas, no asume su responsabilidad y culpa a otros de sus errores.

Esta actitud genera problemas en nuestras relaciones personales, quienes nos rodean terminan por alejarse. Es muy complicado convivir en armonía, con alguien que hace alarde de su ignorancia creyendo tener la razón.

El cambio radica en:

- Darse cuenta de que estamos asumiendo conductas necias, ante quienes nos rodean.
- Dejar de adoptar una actitud de superioridad.
- Reconocer que no siempre somos poseedores de la verdad absoluta.

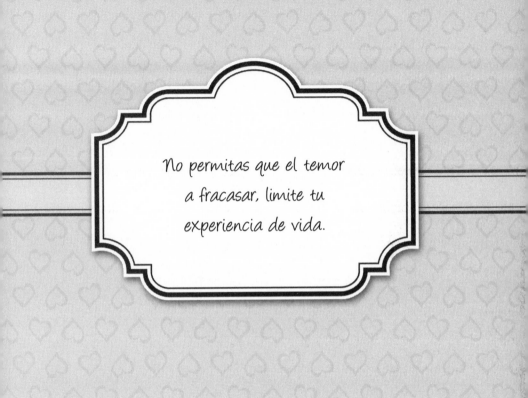

No permitas que el temor
a fracasar, limite tu
experiencia de vida.

♡ Sanando heridas

Algunos de los eventos traumáticos que hemos tenido a lo largo de nuestra vida han dejado huellas difíciles de cerrar. Quien tiene las heridas abiertas suele ser gente temerosa del futuro, con una sensación de inutilidad y desamparo, busca continuos justificantes para quedarse paralizado ante la vida. Vive criticando y no es capaz de reconocer los logros de otros, busca que los demás se compadezcan por "la vida tan difícil que le ha tocado".

Las personas que cerraron sanamente sus heridas y abren puertas, prefieren abrazar a otros que abrazarse a la pena. Se dan permiso de llorar cuando experimentan tristeza, no temen mostrarse vulnerables, pueden hablar con otros de sus temores y vacíos.

- El proceso del perdón es un gran apoyo para cicatrizar las heridas del pasado.

♥

♡ Aparentar

Tal parece que en estos momentos lo más importante es aparentar, nos hemos convertido en máquinas de consumo, para llenar los vacíos existenciales que llevamos a cuestas.

No queremos ser auténticos porque nos educaron bajo la creencia de que no somos suficientemente buenos como personas y por ello vivimos en la búsqueda de una perfección que jamás llegaremos a alcanzar.

Tratar de demostrar que sabemos todo, que somos ricos, que somos buenas personas, sólo hará que nos sintamos peor, que tengamos grandes deudas, que hagamos cosas que atentan contra nuestro bienestar y podríamos dañar a quienes nos rodean.

- Reconocer nuestra valía como ser humano nos dará la oportunidad de saber quién somos en realidad.
- Ver de forma objetiva nuestras virtudes y defectos nos permite ser auténticos.

♥

♡ *Atracción*

Construir una relación de pareja sana depende del compromiso que tengamos como individuos. Los hombres y mujeres que confían en sí mismos, se sienten atraídos de forma natural. Es complicado cargar con una mujer que adopte el papel de hija y resolverle la vida, es difícil tratar con un hombre autoritario cuya palabra es ley.

No hay barrera mayor para el éxito de una relación de pareja, que el sentimiento de no ser digno de ser amado.

La primera relación afectiva exitosa a la que debemos aspirar, es con nosotros mismos, entonces estaremos preparados para relacionarnos con alguien más, pues la construiremos con confianza, amor, apoyo, límites adecuados, comunicación, intimidad, compromiso y honestidad.

- De ahí la enorme necesidad de tener un profundo conocimiento de nosotros mismos.

♥

♡ Acabando con el autosabotaje

Nos estamos saboteando cuando tenemos la necesidad inconsciente de actuar en contra de nuestros propios intereses. Es probable que inconscientemente pensemos que no vamos a tener éxito en lo que queremos pues no lo merecemos, o nos sentimos incapaces de tener logros por mérito propio; si adelgazamos y engordamos constantemente, tenemos accidentes, solemos llegar tarde o tenemos conductas saboteadoras.

Toma consciencia de tu diálogo interior. Pregúntate: ¿Qué es lo que sientes conscientemente que quieres ser, hacer, tener?, ¿cómo es que lo estás saboteando?, ¿de qué manera ocurre en tu mente?, ¿qué te estás diciendo a ti mismo cuando lo haces?

- Siempre hay un beneficio oculto tras una acción, un "para qué hago lo que hago"; encuéntralo. Proponte a ti mismo un plan de acción para cambiar.

♥

♡ Hábitos de conducta

Estar conscientes de lo que no queremos en la vida nos da la oportunidad de ir hacia donde sí queremos estar.

La mayoría de nosotros tenemos ciertos hábitos de conducta que lejos de ser un apoyo se convierten en un obstáculo que no nos permite avanzar.

Mientras más ocultos estén en nuestra mente los motivos emocionales que hay detrás de los malos hábitos, tendremos mayor necesidad de ayuda externa.

¿Te sientes mal después de haber cedido a ese hábito que sabes que es nocivo?, ¿lo has repetido por más de 6 meses?, ¿afecta negativamente a tu salud o economía?, ¿haces lo posible para que no se haga evidente en tu entorno?

- Basta con hacer un esfuerzo consciente y continuo por dejar de tener estas conductas.

♥

Consciencia de carencia

Las creencias, patrones y paradigmas, que hemos adquirido a lo largo de nuestra vida, son lo que nos da la percepción que tenemos de los eventos. Regularmente, nos enfocamos en ciertas situaciones porque estamos habituados a éstas, aunque no signifique lo mejor.

Algunos tienen la costumbre de ver lo que no hay, lo malo y lo feo en todo, a esta negatividad se le llama "consciencia de carencia".

Cuando vivimos arrepintiéndonos del pasado y pensando en un futuro aterrador, es difícil lograr objetivos.

De la misma manera que fuimos entrenados en la carencia, podemos hacer un esfuerzo por acostumbrarnos a poner nuestro enfoque en lo que sí hay, como oportunidades, habilidades, afectos o propuestas.

- Observa tus pensamientos y trata de orientarlos hacia una actitud propositiva.

♥

♡ Prioridad

Para lograr metas requerimos un orden de importancia acerca del manejo de nuestro tiempo. ¿Cuántas veces has dejado de hacer algo importante, por algo que resulta más satisfactorio?

A veces nos resulta complicado establecer prioridades, no tenemos claro lo que realmente es importante para nosotros. Por ello caemos en conflictos internos entre lo que queremos hacer y lo que nos conviene. Tenemos derecho a definir lo que es importante para nuestra vida, pero debemos ser conscientes de las consecuencias de cada decisión.

No debemos elegir en función de lo fácil, sino considerando lo que nos conviene, lo que queremos realmente para nuestra vida, no para la de los demás. Cuestiónate: ¿qué es lo que realmente deseo?, ¿cuáles son mis objetivos y metas?

- Mientras más nos conocemos a nosotros mismos es más fácil elegir.

♥

♡ Buscando perfección

Los avances científicos han logrado generar grandes mejoras en cuanto al físico de una persona, así como retrasar el envejecimiento.

Hay quienes tienen cambios extraordinarios que ayudan a su autoestima, si se hace por los motivos adecuados es una gran oportunidad. Pero cuando se hace con el afán de la búsqueda de una perfección que jamás se alcanzará, termina por convertirse en un problema.

Quienes viven de forma obsesiva entre cirugías y procedimientos corporales, buscando la belleza, lejos de encontrarla comienzan a mutilar y deformar sus cuerpos, además de atentar contra su salud.

- Vale la pena reflexionar si quieres estar mejor o si prefieres evadir la realidad. ¡Es tu cuerpo, es tu vida!

♥

♡ Adaptarse a los cambios

Debemos recordar que nadie puede controlar permanentemente lo que sucede a nuestro alrededor. Uno de los ingredientes más importantes para incrementar nuestra calidad de vida es tener la capacidad de adaptarnos a todos los cambios que se nos presentan día a día.

Debemos reconocer que nos la pasamos soñando en que suceda algo excepcional que convierta nuestras vidas en algo más pleno e interesante, como un nuevo trabajo, un cambio de residencia, sacarse la lotería, o una pareja nueva. Sin embargo, una vez llegado el momento es común que algunas personas sientan desorden y ansiedad ante la posibilidad de enfrentar situaciones diferentes, por lo mismo se resisten, por lo que pierden la oportunidad de experimentar nuevas opciones. Una actitud propositiva nos dará la aceptación necesaria para podernos adaptar ante lo imprevisto y enfrentar todos los cambios.

- Al encontrar una motivación adecuada tendremos la tolerancia necesaria para hacer los cambios poco a poco.

♥

♡ Trabajo en equipo

El trabajo en equipo beneficia a todos, pues no sólo significa estar juntos, también implica adquirir el compromiso de ser solidarios al tener un objetivo común y planificado, basado en una confianza recíproca.

La información compartida significa mayor aprendizaje. Tener la voluntad de respaldar y complementar el desarrollo de un proyecto, más allá de sólo querer reconocimiento personal.

El formar un clima agradable de trabajo influye en la creatividad y el optimismo, se pueden intercambiar conocimientos y destrezas, además de compensar las debilidades individuales. Mejora la comunicación, logrando eficiencia y eficacia da un sentido de seguridad y desarrolla relaciones interpersonales.

- Se requiere tener organización, dirección en objetivos claros, así como el control de los mismos.

♥

♡ Evadir

Cuando no sabemos cómo enfrentar las circunstancias que nos rodean, o no poseemos las herramientas para responder, tendemos a evadir las situaciones, ya sea pretendiendo que no pasa nada, anestesiando con sustancias las emociones o postergando las soluciones.

Esto no resuelve nada sólo hace que el problema en cuestión se magnifique, causándonos sufrimiento innecesario.

La forma en que evadimos puede ser: mentir de forma compulsiva, renunciar a un empleo, divorciarse sin buscar solución a la relación, someterse, relacionarse con las personas buscando ser rescatados o que resuelvan nuestros problemas, vivir deprimido o con autolástima, dejar que otros tomen las decisiones, decir que somos incapaces, enfermar constantemente, vivir enojados sintiéndonos explotados o abusados.

- ¡El cambio está en tus manos!

♥

♡ Kilómetro extra

Quienes alcanzan el éxito son personas normales haciendo cosas extraordinarias. Mientras una actitud propositiva nos conduce a tener logros, una actitud negativa genera frustración y fracaso. Dar lo mejor de nosotros, nos lleva a tener precisión en los objetivos y concretarlos.

"Caminar el kilómetro extra" es estar comprometidos, disfrutar el esfuerzo y dejar de quejarse por lo que hay que hacer, ser perseverantes, tener iniciativa, levantarte cada vez que te caes, tener una actitud de servicio y ayudar a cuantos nos rodean, terminar todo lo que empezamos.

- Aquellos que llegan a la meta, lo hacen porque no se dieron por vencidos, aun cuando tuvieran todo en su contra.

♥

♡ Peter Pan

El síndrome de Peter Pan se manifiesta en personas adultas con comportamiento infantil que rechazan la responsabilidad. El adulto que se resiste a crecer, es incapaz de cuidar y proteger a nadie.

Este síndrome es una inmadurez emocional y se produce por carencia afectiva durante la infancia. Los adultos que lo padecen no pueden generar relaciones afectivas sólidas, además, se sienten desprotegidos y angustiados frente a lo desconocido, con dificultad para controlar sus sentimientos y con la necesidad de sentirse queridos y deseados todo el tiempo. A pesar de su sonrisa y de ser divertidos, y de que aparentan tener ganas de disfrutar todo, interiormente son muy inseguros y viven con un terrible miedo a la soledad.

Para cambiar es necesario:

• Aprender a tener confianza en uno mismo.
• Conocer nuestros sentimientos.
• Reconocer nuestros logros.
• Sabernos eficaces para enfrentar la vida.

♥

♡ Fuerza de voluntad

Fuerza de voluntad es la capacidad que tenemos para superar los obstáculos que encontramos en la vida y dirigirnos con determinación hacia un objetivo. Es una habilidad que podemos desarrollar con perseverancia, fortaleza, motivación y reflexión, conlleva elegir y aferrarse a una decisión sin renunciar.

Además, la fuerza de voluntad es la fuerza interior que nos impulsa a enfrentarnos al reto, concretar nuestro propósito y nos da la oportunidad de tomar decisiones libres. Encuentra en ti la confianza, el optimismo y una autoestima sana, haz una lista de tus prioridades. Decídete a cambiar. Define tus metas con un plan objetivo que te lleve al logro.

- Créelo ¡puedes hacer lo que te propones!

♥

♡ Querer agradar

Agradar a los demás todo el tiempo es una tarea imposible. Las personas que así se comportan hacen todo con tal de evitar el rechazo y el conflicto, actitud que genera timidez, retraimiento y renuncias.

En la infancia, las influencias de nuestro entorno, nos empujan a querer ser perfectos, si le agregamos carencia afectiva, problemas en las relaciones y una autoimagen pobre, buscamos la aprobación de quienes nos rodean, siendo perfeccionistas y exigentes, cayendo fácilmente en agotamiento y estrés.

La fuerte dependencia del entorno nos lleva a estar condicionados por el exterior. Así cuando algo no va bien el otro es culpable, pero cuando va bien no es por mérito propio.

- Ser tú mismo no es convertirte en alguien autoritario, brusco o maleducado. Simplemente es aprender a poner límites adecuados en nuestras relaciones.

♥

♡ Autoimagen

Cuando estamos comunicándonos con nosotros mismos, los pensamientos son transferidos a nuestro subconsciente, que no distingue entre realidad y fantasía; por lo mismo, se encarga de ejecutar fielmente nuestra percepción, ya sea para sentirnos felices o infelices, atractivos o feos, poderosos o débiles.

Estos pensamientos determinan la autoimagen, que es la opinión que tenemos de nosotros mismos, moldeando nuestra personalidad, comportamiento, y son responsables de todo lo que somos en este momento.

Vivimos la vida que tenemos con base en lo que creemos de nosotros, en ocasiones tenemos una autoimagen devaluada, pensamos que no podemos tener logros.

- La mejor manera de adquirir una imagen adecuada de nosotros mismos es amarnos, respetarnos y aceptarnos como somos, adquiriendo autoconfianza y agradeciendo lo que sí tenemos.

♥

♡ El abandono

Los seres humanos durante la infancia somos vulnerables y dependientes de que un adulto nos cuide. El amor de nuestros padres es garantía de que nos cuidarán y sobreviviremos, cuando carecemos de este amor queda una huella de peligro que nos marcará toda la vida.

Cada vez que sintamos abandono emocional se activará la señal de peligro, la cual se nos quedó grabada cuando éramos niños, ante una señal de peligro vital, nuestra mente racional buscará una solución.

Mientras creamos que la seguridad está fuera siempre nos sentiremos en peligro y necesitaremos al otro para sentirnos seguros.

- Construir una relación sólida con nosotros mismos que nos permita llenar el amor que no percibimos de niños, a esa parte de nosotros que sufrió carencias y arrastra la inseguridad, nos llevará a tener relaciones sanas.

♥

♡ Síndrome de Wendy

Quien padece el síndrome de Wendy tiene dificultades para enfrentar sus propias responsabilidades, para compensarlo insiste en jugar el rol de madre protectora, asume la responsabilidad que elude un ser querido. Si no está disponible, experimenta sentimientos de culpa. Constantemente acusa a su protegido de abusar de su buena fe, aunque tampoco hace nada para cambiar la situación. Además, tiene miedo al rechazo, miedo al abandono, un profundo deseo de complacer a los demás, y una necesidad imperiosa por sentir seguridad.

El cambio puede lograrse si:

- Tenemos un proyecto de vida personal.
- Dejamos de manipular y controlar a los demás.
- Evitamos dar consejos cuando no nos lo solicitan.
- No nos enganchamos a los juegos con papeles de rescatador, perseguidor o víctima.
- Nos enfrentamos a nuestros propios problemas.

♥

♡ Perdonar

Perdonar no es justificar a la persona que nos hizo daño, es liberarnos del veneno de los resentimientos. En ocasiones nos es difícil comprender la razón de los acontecimientos y tenemos la tendencia a negar lo que sucede; pero evadir la realidad no la modifica, por ello el primer paso para el perdón es aceptar que algo malo sucedió. Expresar de una forma moderada el enojo que tenemos nos lleva a una pequeña negociación en la que asumimos los hechos, no podemos cambiar el pasado pero sí la percepción que tenemos de ellos.

El paso siguiente es una pequeña depresión que nos llevará a darnos cuenta si fuimos cómplices o propiciamos de forma inconsciente los hechos.

- Ponernos en los zapatos del otro nos lleva a la comprensión y, después, nos libera.

♥

♡ Sigue tus sueños

¿Recuerdas lo que querías para tu vida cuando eras adolecente? Es natural que las circunstancias de la vida nos absorban y terminemos por darle mayor importancia a resolver los problemas inmediatos. Sin embargo, debemos recordar que los logros más grandes de la humanidad empezaron como un sueño que alguien convirtió en realidad.

La diferencia entre dónde estás ahora y adónde querías llegar, probablemente se deba al momento en que decidiste abandonar tus sueños o dejaste de esforzarte por conseguir lo que querías lograr.

Un sueño por grande o pequeño que parezca es lo que nos inspira a seguir adelante y da sentido a nuestras vidas.

- Enfrenta tus miedos.
- No te detengas.
- No renuncies a tus sueños.

♥

♡ *Tomar decisiones*

A la mayoría de las personas nos resulta difícil manejar la incertidumbre. Evitamos enfrentarnos a la realidad y nos quedamos en la zona cómoda, pero esto no hace que los problemas se resuelvan por sí mismos, evadirlos permite que sean cada vez más grandes y negar lo que nos sucede no cambia las consecuencias.

Por ello es importante tomar decisiones y ejercer acciones, aunque en ocasiones parezcan dolorosas.

Someterse y dejar la responsabilidad en manos de alguien más, también es una elección.

Para tomar decisiones considera lo siguiente:

- Fijar objetivos nos da una visión clara.
- Tener información suficiente, nos permite identificar y evaluar opciones.
- Hacer una lista detallada de lo que tenemos a favor y en contra nos permite elegir mejor.

♥

♡ Relaciones interpersonales efectivas

Si deseamos mejorar nuestras relaciones con quienes nos rodean, necesitamos tener una comunicación abierta y directa, no basta con escucharlos, también hay que demostrar atención.

El respeto es imprescindible aunque en ocasiones lo confundimos con obediencia a la autoridad. Además, debemos saber aceptar las críticas positivas o negativas y tomarlas como constructivas.

Al hablar debemos ser más específicos, los reproches así como utilizar palabras como "siempre" y "nunca", llevan a confrontaciones innecesarias.

La empatía es importante pues nos lleva a entendernos con otra persona y tener cierta afinidad. Procuremos ser genuinos, auténticos, pero no impulsivos, hay que pensar antes de hablar.

- Confrontar no es agredir verbalmente a otra persona, sino procurar llegar a un acuerdo en los aspectos que no estamos de acuerdo.

♥

♡ Seré feliz cuando...

¿Eres de aquellas personas que viven postergando su bienestar para cuando encuentren la perfección?

Creemos que ciertos eventos nos harán sentir mejor, seré feliz cuando… baje de peso, tenga el trabajo que deseo, encuentre a la pareja adecuada, tenga la casa que quiero, me reciba, todo esto para darnos cuenta que llegar a la meta, no nos otorga la felicidad que pensábamos.

Podemos vivir en bienestar aquí y ahora con sólo darnos cuenta que no depende de una valoración externa, sino de una actitud frente a la vida, si no estamos satisfechos con lo que vivimos es porque en algo no estamos satisfechos con quienes somos y por ello nada será suficiente nunca.

• La percepción que tienes de ti es tu elección.

♥

♡ Disfrutar la vida

Cuando andamos de prisa por la vida, olvidamos que las cosas más importantes son aquellas que nos dan alegría.

Los pequeños eventos de nuestra existencia nos enriquecen, cuando sabemos valorarlos, debemos dejar de estar enfocados en el sufrimiento y agradecer lo que sí tenemos.

Cada persona con quien estamos en contacto, cada situación, e incluso los problemas cuando estamos dispuestos a enfrentarlos, son lo que le da sentido a nuestra vidas. Adquirimos la capacidad de disfrutar la vida, cuando abandonamos la idea de que algo mágico resolverá en el futuro nuestros asuntos, y aprendemos a estar presentes y gozar cada momento.

• Todo depende de la actitud que tenemos frente a los eventos y la forma en que elegimos construir la vida que deseamos.

♥

♡ Ser avaro

Cuando pensamos en avaricia recordamos el ansia o necesidad desordenada y excesiva por la riqueza, sin embargo, este profundo deseo de acumular no sólo se refiere a dinero, sino al simple anhelo de acumular lo que sea. Es una incapacidad para compartir, para ser solidario, nada de lo que sucede a otros importa y se genera por un gran miedo a perder las posesiones, se utiliza como defensa buscando protección contra la angustia de la carencia a futuro, no importando si en el camino se desprecian las relaciones humanas.

- Un ingrediente importante para cambiar esta actitud es la generosidad, no sólo en cosas materiales, también en tiempo, afecto y apoyo.
- Dar más allá de lo que es nuestra obligación.

¿Vas a vivir llorando
por lo que pudo haber
sido y no fue?

♡ Adicto a las compras

El síndrome del comprador compulsivo u oniomanía se considera la enfermedad invisible, pues pensamos que quienes la padecen son caprichosos o egoístas, cuando en realidad tienen una conducta obsesiva compulsiva, porque encuentran en el deseo de comprar, una falsa forma para hallar la felicidad, y esto proviene del exterior más que del interior.

Comprar se convierte en una necesidad frecuente e incontrolada, para sentirse bien, y en caso de no ser satisfecha la persona debe luchar contra un estado general de irritabilidad y malestar.

Por lo regular tienen baja autoestima, falta de autocontrol, inseguridad, propensión a la fantasía, sensación de soledad o vacío espiritual, ansiedad y depresión.

- El problema se trata con ayuda profesional, como lo requiere cualquier adicción.

♥

♡ Miedo a ser feliz

Algunos tienen miedo a experimentar sus potenciales más positivos y de alcanzar sus sueños, el miedo los paraliza.

Ser feliz se convierte en algo inalcanzable porque a veces asusta conseguirlo. La respuesta que tenemos a los eventos cotidianos se basa en nuestras creencias.

Esas mismas personas tienen una opinión negativa de sí mismas, creen que no merecen nada o que no pueden hacer cosas valiosas e, incluso, que no tendrían que existir.

Cuando un niño no encuentra en sus padres una respuesta afectiva y apoyo, piensa que no tiene derecho a ser amado, ni capacidad para conseguir nada.

Si no arriesgamos, no aprendemos, no generamos experiencias gratificantes, nos bloqueamos y estancamos, viviendo en frustración.

- La diferencia se logra con un recuento de logros y con acción.

♥

♡ *Buscapleitos*

¿Te ha tocado en alguna ocasión toparte con una persona que parece estar buscando problemas?

Son rudos y agresivos con todos, en el tráfico son quienes avientan el auto y quieren llegar primero sin importa a quién tengan que atropellar, viven con una neurosis profunda, tratan de controlar a todos, gritan, amenazan, son los clásicos buscapleitos.

En gran medida estas personas quieren encontrar en quién descargar su enojo y amargura, tienen una gran carga emocional y se convierten en una presencia tóxica en nuestras vidas porque nos contaminan.

Lo importante es saber si tú quieres estar ahí, nada te obliga a convivir con una persona que te quita tu estado de bienestar, se vale decir "no" y poner un límite adecuado.

• No te enganches porque su neurosis no es tu problema.

♥

♡ El antijefe

Hay gente que a pesar de sus múltiples capacidades no puede ocupar el puesto de jefe en una empresa.

Muchos compañeros de trabajo son extraordinarias personas, hasta que obtienen un puesto elevado o un aumento de sueldo y tienen gente a su cargo, entonces la soberbia los alcanza convirtiéndolos en seres insufribles, prepotentes, abusivos y gritones.

Algunos utilizan el puesto para lastimar, descalificar y maltratar. Piensan que todos quieren quitarles el puesto y que los envidian, dejan de relacionarse, de enseñar, crear y diseñar nuevos objetivos.

• Ser jefe es mucho más que ostentar un puesto, es liderar, confiar en tus habilidades, saber delegar, trabajar en equipo, escuchar las necesidades de tus subalternos, lograr objetivos en común más que los propios.

♥

♡ Respeto a los hijos

Todos los días tomamos decisiones, algunas importantes, otras no tanto. A algunos les cuesta mucho hacer hasta la más pequeña elección, a causa de que no saben decir "no", por miedo al rechazo o porque en su momento no aprendieron a hacerlo por sí mismos.

De ahí la importancia de respetar las decisiones de nuestros hijos, el hogar es el lugar de entrenamiento de cualquier ser humano para enfrentar la vida. Si no les damos la oportunidad de valorarse, conocerse, aceptarse y reconocer sus capacidades, en sus primeros años de vida y sobre todo cuando entran en la adolescencia, la posibilidad de que lo hagan en la vida adulta es remota.

- ¡Algunos se entrometen en la vida de sus hijos hasta que tienen la "tierna" edad de 40 o 50 años!

♥

♡ Los ausentes

La distracción es una distorsión de la atención, que en ocasiones genera problemas como accidentes graves o apatía, además del escaso rendimiento en el trabajo y los estudios.

No es falta de memoria, sino de la atención habitual o momentánea sobre las cosas de las que normalmente debería ocuparse.

La distracción se origina por la fatiga o la ausencia de interés, sobre lo que se está haciendo. Quizá estás en el lugar equivocado y por lo mismo te aburres. Todo logro requiere un esfuerzo previo. Es importante encontrar una motivación adecuada. Hacer ejercicios de concentración. Saber qué esperas de la vida, qué te gusta.

- Enfocarte en lo que sí quieres y poner acción, te lleva a encontrar el camino que debes seguir para lograr tus metas.

♥

♡ Limitación emocional

Aquel que no puede reconocer sus habilidades o virtudes, y no ha tenido la oportunidad de demostrarse que sí puede alcanzar sus metas, tiene la tendencia a envidiar los logros de quienes están a su alrededor, juzgando, criticando y devaluando, a todo aquel que parece ser feliz con lo que tiene.

Vive enojado y en una queja permanente de lo terrible que es su vida, culpando a otros de sus carencias, además de sentir que es obligación de todos, hacerle sentir bien y cubrir sus necesidades.

Aquel que dice ser una víctima de las circunstancias y de las personas al evitar hacerse responsable de su vida, acaba con la buena voluntad de cualquiera y termina por alejar a todos.

- ¡Cambia tu actitud y cambiaras tu vida!

♥

♡ ¿Triste?

¿Estás triste? Si no lograste todo lo que deseabas, extrañas a alguien, te sientes rechazado, o impotente ante algo que no puedes cambiar, la tristeza es algo normal y válido.

Lo importante, es la respuesta que tienes ante los hechos. Las emociones por lo regular intentan transmitirnos algo, si las procesamos liberamos la carga negativa. Pero solemos regañarnos, devaluarnos y castigarnos cuando las cosas no son como queremos, por el hábito de enfocarnos en lo que no tenemos.

¿Valoras los logros que tienes?, cuál sería el resultado si en lugar de agredirte, el día de hoy eligieras decirte:

- Me importas como persona, por lo que sientes y piensas.
- Te acompaño, te apoyo y te comprendo.
- Quiero que sepas que puedes contar conmigo.

♥

♡ Enojo

Vivir de malas todo el tiempo no es normal. Si explotas con facilidad, has dicho o hecho algo de lo cual te arrepientes o a veces no te aguantas ni a ti mismo, es momento de tomar consciencia de que el enojo es un sentimiento destructivo que nos lleva a sacar lo peor de nosotros.

Comienza por un pensamiento, continúa en una respuesta corporal y termina en un ataque ya sea físico o verbal.

Por lo regular es la forma de defendernos, cuando pensamos que nos están atacando o sentimos miedo.

Nuestros actos siempre tienen consecuencias y esta actitud daña nuestra relación, con quienes nos rodean.

- Enfrentar nuestros miedos, pensar antes de actuar, tener una comunicación eficaz y poner límites adecuados, nos lleva al cambio.

♥

♡ No puedo, no sé

En muchas ocasiones, después de varios intentos fallidos, terminamos por abandonar relaciones, afectos, amistades y aquellos proyectos a pesar de que en un principio nos causaban tanta emoción e ilusión.

Todo fracaso conlleva un aprendizaje y ése es un camino por donde no nos gusta transitar, nos avergonzamos de nosotros mismos dudando de nuestras capacidades.

Antes de derrotarnos ante algo, es importante que nos cuestionemos por qué nos cuesta tanto trabajo decir "no sé", por ello decimos "no puedo" y tenemos muchas justificaciones que en su momento creemos válidas.

- Reconocer que no nacimos con el conocimiento de todo, que podemos equivocarnos y se puede volver a empezar, nos da la oportunidad de tener apertura de pensamiento para preguntar, aprender y aceptar.

♥

♡ Inmadurez emocional

Aquel que vive con inmadurez emocional tiene ansiedad, depresión, fobias, agresividad, hiperactividad, celos, dependencias y obsesiones, que utiliza como escudos protectores para defenderse de las situaciones que se salen de su control. Deja de ser auténtico porque busca ser aceptado por quienes lo rodean.

El miedo lo lleva a crear fantasías que justifican una realidad que no le gusta. Por un lado está el pensamiento equivocado a no ser suficientemente bueno para ser amado, y por otro una actitud cómoda para evadir la responsabilidad de enfrentar la vida.

Es más fácil no realizar ningún esfuerzo y ser un niño berrinchudo al cual sus seres queridos tienen que complacer y rescatar.

- Nada más triste que un niño de cinco años atrapado en el cuerpo de un adulto.

❤

♡ Adiós al estrés

Para liberarte del estrés recuerda que la rigidez es buena en las piedras, no en las personas. Aprende a decir no sin sentirte culpable. Concéntrate en una tarea a la vez. Recuerda que nadie es indispensable, podemos delegar. No vivas pendiente de los estados de ánimo de quienes te rodean. Aprende a encontrar el gozo en las cosas cotidianas. Separa los problemas reales de los imaginarios. No te apropies de ansiedades y tensiones ajenas. Es importante tener alguien en quien confiar y con quien hablar. Los problemas de tus parientes no te pertenecen, deja que los resuelvan ellos.

- Aprende a irte y a soltar a tiempo. No investigues si hablaron mal de ti, no tiene sentido. Sé responsable de tus actos. No quieras cambiar o educar a otros.

❤

♡ Soltar

Muchas veces nos aferramos emocionalmente a las cosas negativas de alguien. Cuando estamos pendientes de la vida de otros y asumimos sus obligaciones, propiciamos el comportamiento irresponsable.

Una de las primeras cosas que requerimos es aprender a soltar la dependencia excesiva, y tomar consciencia de que al estar atados emocionalmente a nuestros seres queridos o en el trabajo, nos sentimos responsables por cada cosa que hagan o dejen de hacer, tratamos de saber qué pasa, dónde están, con quién están o que están haciendo. Dejamos de vivir nuestra vida para vivir en función de la vida de los otros. Lo que constantemente nos traerá problemas a largo o corto plazo.

- Desprenderse es: no entrar en el juego, no dejarse agredir ni maltratar. No es falta de amor, simplemente se trata de aceptar que ya no podemos con esa situación y decidimos soltar el deseo de controlar.

♥

¿Cómo es el amor?

Los Príncipes Azules y Princesas Encantadas no existen. Quienes esperan la relación perfecta que les convierta en mejores personas, les cure de defectos, insatisfacción, envidia, orgullo y desesperación, que los haga más tolerantes, al pensar que una pareja les hará perfectamente felices, viven en una fantasía y terminan por quedarse solos.

Pretender que otro ser humano nos proporcione un sentido de identidad y propósito, que elimine la sensación de aislamiento, mitigue el miedo al abandono, nos lleva a la frustración y al tremendo esfuerzo inútil de querer cambiar al otro.

Las relaciones se construyen con base en el amor, la comprensión, el apoyo, la tolerancia.

- La capacidad de amar a otra persona surge de un corazón lleno, no de uno vacío.

♥

♡ La edad

No tener aceptación de nuestra edad, se convierte en una penosa situación difícil de resolver. La autoestima no depende de que se tengan setenta o cincuenta años. Hay quien a los cuarenta años o antes se siente viejo y hay octogenarios felices y en plena actividad.

Quienes no se resignan a aceptar su edad viven en el pasado y no logran desprenderse de él como para reconocer que han entrado en otra etapa.

En la medida en que nos sintamos frustrados e insatisfechos con lo que hemos vivido, mayor será nuestro desconsuelo cada cumpleaños, pensaremos que lo que no pudimos lograr de más jóvenes, ahora, con los años, de ninguna manera lo alcanzaremos.

- Vivir en el presente, con un proyecto de vida objetivo, nos lleva al bienestar.

♥

♡ Percepción

No es el hecho, sino la percepción que tengo de los eventos lo que marca mi vida.

Hay quienes en la adversidad encuentran oportunidades, otros no salen de su zona cómoda y viven en una queja permanente. La mayoría de las personas vamos definiendo nuestra personalidad alrededor de los seis años de edad, esto con base a la experiencia de vida que tenemos.

El amable, el simpático, el servicial, el violento, el intelectual, entre muchos otros, son mecanismos de defensa que utilizamos para enfrentar las situaciones que la vida nos presenta.

- Basta con hacer una introspección, reconocer qué eventos nos llevaron a elegir estos mecanismos, para empezar a hacer un cambio en las creencias y la percepción que tenemos de lo que sucede.

♥

♡ Vivir contento

Un gran porcentaje de la población aprendió en la infancia, por diversas situaciones, a vivir en un estado de carencia, observando lo que no hay, en competencia con otros y pensando que no esa suficientemente bueno; esto, mezclado con una gran dosis de negación, es lo que nos lleva a vivir con una sonrisa congelada diciendo que todo está bien, cuando en realidad sentimos frustración y enojo.

Vivir feliz es una decisión, que es difícil tomar porque no sabemos cómo hacerlo. Podemos adquirir la alegría de vivir a través de un entrenamiento para ello, no se trata de negar la realidad, sino que a partir de actitud consciente aprendemos a ver el lado amable de la vida, construimos un vínculo afectivo sano con la persona más importante, es decir, con nosotros mismos.

- ¡Atrévete a vivir contento!

♥

♡ Ahí se va

¿Tienes temor de arriesgarte y perder? Tal vez cuando empezaste tu vida adulta estabas lleno de sueños y esperanzas, pero la rutina y la vida diaria comenzaron a absorberte, los planes empezaron a disolverse con el tiempo. Te llenaste de miedo, inseguridad y te paralizaste. Elegiste un lugar seguro, donde todos van, donde no se arriesga, pero tampoco pasa nada y mucho menos se gana.

Aun las personas más exitosas han sentido temor en algún punto de su vida, lo importante es cómo lo han resuelto. Son quienes enfrentaron el miedo y a pesar de todo siguieron adelante, y en el camino encontraron las herramientas para enfrentar toda situación.

- El miedo es el gran tirano que nos lleva a abandonar, nos agota, debilita y enferma.

♥

♡ Continuar

Todo lo que vale la pena en la vida es producto del esfuerzo, es natural que cuando las cosas no nos salen a la primera llegue el desánimo, sin embargo, hay que seguir adelante, a nadie se le dan las cosas por casualidad y todo aquel que ha tenido éxito en algún momento de su vida es porque algo ha hecho para merecerlo.

No nacimos sabiendo todo, por eso es tan importante ser perseverantes, hacerlo una y otra vez hasta alcanzar nuestro objetivo.

Para tener logros se requiere, conocer a fondo nuestras capacidades, enfrentarnos a los retos sin miedo, valernos por nosotros mismos, tener firmeza ante las dificultades y ser determinados.

- No te des por vencido, tú puedes convertir un supuesto fracaso, en el aprendizaje que te llevará al éxito.

♥

♡ Perdonar el pasado

Perdonar beneficia más a quién otorga, que a quien lo recibe. Vivir con resentimientos es como tomar veneno y que el otro caiga muerto.

Es natural que cuando alguien nos ofende estemos enojados, resentidos; sin embargo, a la única persona a quien daña esta actitud es a nosotros mismos pues vivimos arrastrando las cadenas del pasado, ensuciando nuestro presente y evitando tener un futuro feliz.

Pensar que alguien nos debe algo, nos amarga, agrede, y lastima una y otra vez, por ello es tan importante dejar ir ese pasado y perdonar a través de la comprensión.

- Todos tenemos millones de razones para ser como somos, ¿no crees qué el día de hoy tienes millones de razones para vivir libre de ese pasado?

♥

♡ Pensar diferente

Nuestra mente subconsciente es el resultado de todo lo que pensamos. Los pensamientos repetitivos se convierten en un programa, son los que marcan nuestras conductas.

Tenemos unos cincuenta mil pensamientos al día. Para la mayoría de nosotros casi todos estos son negativos: "estoy gordo", "estoy perdiendo memoria", "no tengo dinero para pagar mis facturas", "nada de lo que intento me sale bien".

Es importante abandonar este mal hábito y pensar en positivo, no se trata de negar lo que sentimos sino de cambiar el enfoque, en lugar de vivir en carencia, podemos poner nuestra atención en lo que sí tenemos. Recuerda que no hay edad para el cambio, reconoce que eres capaz. Perdona.

- Tener la plena confianza de que puedo y quiero es el principio.

♥

♡ ¿Para qué?

Los malos hábitos relacionados con lo que estás haciendo como postergar, ser impuntual, esperar que otros lo hagan por ti, dejar las cosas para el último minuto te sabotean, condicionan y reducen tu potencial.

¿Para qué esforzarnos en ser mejores? La determinación te lleva a encontrar el camino que quieres seguir. Tener capacitación hace que el proceso sea más sencillo. Ser organizado y productivo te abre las posibilidades para llegar a las metas que te has trazado. Terminar las tareas, te hace sentir bien, capaz y útil. Centrarte en lo verdaderamente importante optimiza tu esfuerzo, te ayuda a ser más creativo e imaginativo. Arriesgarte a hacer cosas que antes no te atrevías, organizarte eficazmente, te ayuda a crecer profesional y personalmente.

- ¡Tú puedes lograr lo que quieras!

♥

♡ Amargura

Es frecuente encontrarse con personas que viven en amargura, tristeza, pesimismo y desinterés, arrepintiéndose de su pasado, viendo con temor el futuro.

Quienes constantemente ven el lado negativo de las cosas, además de ser infelices, amargan la vida de quienes los rodean, pues conviven con una persona siempre insatisfecha.

Amargarse la vida a propósito es una habilidad que se aprende y tiene beneficios ocultos. El perseguidor siente que lo sabe todo y castiga al que se equivoca. El salvador busca reconocimiento en su papel bondadoso, para después cobrar los favores. La víctima causa lástima a los demás para controlar con su sufrimiento.

Todos tenemos razones para ser como somos, pero estas conductas traen consecuencias, vivir en negatividad aleja a nuestros seres queridos.

- Cambiar es tu decisión y lo puedes hacer ahora.

♥

♡ Merecimiento

El merecimiento es estar convencido de que soy una persona digna de ser aceptada y feliz, saber que yo puedo satisfacer mis necesidades, que tengo la capacidad para desarrollar mis habilidades, para generar y disfrutar de mis logros, teniendo bienestar en mi vida, para ser apreciado y querido por mí mismo y por los demás.

El merecimiento es un sentido de valor y significado en relación con lo que estoy haciendo. Es sentirme satisfecho con lo que soy a pesar de mis limitaciones, errores y carencias. El merecimiento es un sentimiento íntimo de valor e importancia como ser humano independientemente de mis realizaciones concretas.

- El merecimiento es una sensación interna que podemos alimentar, reforzando una autoestima sana, agradeciendo lo que sí tenemos y haciendo un recuento de los logros y aciertos que hemos tenido a lo largo de nuestros día a día.

♥

♡ Pequeños detalles

Las cosas que realmente valen la pena en la vida, como el amor y la felicidad, se van construyendo poco a poco con pequeños detalles, que al sumarse pueden hacer diferente nuestra existencia.

Los detalles tienen dos objetivos, decir "te amo" y "pienso en ti". Así como el amor es el alimento del alma, éste a su vez también necesita alimentarse para mantenerse vivo.

Nadie espera eventos heroicos, aunque probablemente sí que le hables el día de su cumpleaños. Tampoco es necesario que escales el

Monte Everest para probar tu amistad, pero sí que visites a esa persona durante unos minutos cuando sabes que está enfermo.

- Demostrar a nuestros seres queridos cuánto los queremos nunca está de más.

¡Tu mejor fortaleza
es ser tú mismo!

♡ Miedos

El miedo es un mecanismo de defensa que nos ayuda a evitar meternos en problemas. Pero también hay miedos innecesarios que no nos permiten realizar cosas y nuestros sueños; por ejemplo, el miedo al futuro, al fracaso, al rechazo, a no tener dinero, al éxito, a no poder hacer las cosas a la perfección, entre otros.

Para superarlos primero hay que admitir que se tienen, para ello haz una lista de estos miedos, ¿cuáles son?, ¿cuál es el principal?, ¿de dónde viene?

Reconoce que el miedo es parte de ti, pero no permitas que te controle. ¿Qué es lo peor que puede pasar? ¿Tienes miedo de probar una nueva carrera? ¿Qué pasaría realmente si cambias de trabajo?

- Poner acción enfrentando tus miedos y vivir en el presente, hace el cambio.

♥

♡ Conocerte a ti mismo

Quizá una de las cosas más difíciles es conocernos tal como somos y es de suma importancia para lograr una estabilidad emocional y equilibrio psicológico, lo que nos ayudará a construir la vida que deseamos tener. Es común tener una opinión equivocada de nosotros mismos, pensando que no valemos o que nadie nos merece, esto se convierte en un gran lastre que nos impide avanzar en la vida.

Para desarrollar nuestras habilidades y lograr metas es necesario conocer nuestras limitaciones, temperamento, tendencias, motivaciones e interpretar nuestros sentimientos, además de saber lo que sí queremos.

Recuerda que:

- Estar en auto-observación.
- Hacer un esfuerzo por mejorar.
- Ser honestos con lo que pensamos, sentimos, hacemos y actuar en consecuencia, nos da la congruencia necesaria para ser eficaces y responsables.

❤

♡ Acercarse a la familia

La familia es la primera escuela donde aprendemos a enfrentar la vida. La forma como aprendemos a relacionarnos en nuestra familia de origen determinará cómo nos desenvolvemos en nuestra vida adulta.

Por lo mismo en ocasiones se generan problemas así como resentimientos, que pensamos son muy difíciles de resolver, es probable que ni siquiera recuerdes lo que provocó esa separación.

Las familias fijan reglas para convivir, que están de acuerdo a los valores y normas que los guían, que por lo general son definidas y aplicadas por los padres.

Quizá este puede ser un buen momento para olvidar viejos rencores y hacer esa llamada para decirle a un ser querido que lo amas.

- Si vives peleado con tu propia familia, qué sucede con lo demás.

♥

♡ Resignificar

La actitud que tenemos frente a los eventos diarios es nuestra elección, es probable que desde la infancia se nos haya enseñado a vivir con ansiedad y desamparo, esto pudo generar una sensación de carencia y por lo mismo vivimos insatisfechos enfocados en lo que no tenemos, creyendo que el mundo es hostil y que en cualquier momento nos van a fastidiar.

Una persona que vive haciendo recuento de lo que no tiene, resentida con la vida por lo mucho que le debe, difícilmente cambiará el escenario de su vida. Por ello es tan importante resignificar los eventos del pasado.

- Si eliges ver lo que sí tienes, te das la oportunidad, de sentirte pleno, esto te lleva a ser generoso y a tener la capacidad de abrirte a nuevas oportunidades.

♥

♡ Sin logros hay depresión

Cuando estamos en depresión nos sentimos agotados, agobiados, desesperanzados, tristes, frustrados y muy enojados. Probablemente hayamos tenido una pérdida, o estemos ante una situación que no podemos cambiar, también suele ocurrir que hacer un recuento de nuestro pasado nos llevó a dicho estado, todo porque tenemos miedo o no somos como nos gustaría ser y no tenemos lo que quisiéramos.

Muchas veces la depresión tiene una gran dosis de autolástima, que utilizamos como un anestésico para evadir lo que sentimos.

Hacernos responsables de lo que estamos viviendo, reconociendo que si bien podemos progresar no somos perfectos, perdonar que nos podemos equivocar.

- Si en alguna parte somos responsables de lo que nos pasó, poner acción para resolver el problema puede ser de gran ayuda.

♥

♡ Para ser feliz

Nadie sabe el bien que tiene hasta que lo ve perdido. Cuando la rutina nos absorbe es natural que perdamos de vista la realidad, que dejemos de valorar lo que tenemos. Y de agradecer lo bueno ya ni hablamos.

Aun cuando hagamos un esfuerzo por negar lo que sentimos, vivimos con tan poca aceptación de nosotros mismos que estar buscando el reconocimiento de los demás, se convierte en una prioridad, aun cuando el bienestar propio se vea afectado. Esto hace que sintamos un gran vacío interior.

- Tu valoración personal y felicidad dependen de ti, de lo que sucede en tu interior, cada quien es responsable de su propia vida, por lo tanto tú tienes la responsabilidad de ser feliz, por lo que vales y por lo que tienes.

♥

♡ Relajarte en la oficina

El estrés puede impactar de forma negativa tu sistema inmunológico, generando enfermedades, daña tus relaciones de pareja y amistades. Tus hijos también pueden verse afectados por el nivel de ansiedad en que vives. Por ello es importante encontrar una forma de relajarnos. Haz pequeñas pausas en lo que estás haciendo, esto ayuda a despejar tu mente.

Comparte con una persona confiable tus problemas, el simple hecho de escucharnos nos puede llevar a encontrar soluciones. No lleves el trabajo ni los problemas de la oficina a casa. Aprende a delegar. Haz un poco de ejercicio, te hará sentir mejor. Observa tu respiración, una buena oxigenación es importante para enfocarte.

- ¡Sonríe!, un buen estado de ánimo hace que veamos un mejor panorama.

♥

♡ Superar un trauma

La vida no siempre es lo que nos gustaría, desafortunadamente es posible que en ocasiones tengamos que enfrentarnos a eventos traumáticos como terminar una relación de pareja, una enfermedad, la muerte de un ser querido o problemas económicos. Es natural sentir desánimo y pensar que no vale la pena luchar. Respira profundo. No te culpes. Los reproches no cambiarán el pasado, deja de castigarte. Haz un esfuerzo por perdonar. Revivir una y otra vez el evento no permite que la herida cicatrice.

Date la oportunidad de recibir ayuda, sentirnos apoyados hace que el proceso sea más ligero. Acepta lo que estás sintiendo. Si la tiene, busca una solución.

- ¿Qué puedes cambiar hoy que te lleve a tener resultados diferentes?

♥

♡ Adolescentes que se aíslan

La exigencia excesiva en la escuela, la sobrevaloración de la belleza, así como la adquisición de bienes materiales, pueden generar aislamiento entre los adolescentes que evitan salir y reunirse con otros jóvenes, viven entre fantasía y ensueño, prefieren relacionarse por medios electrónicos. Pueden creer que están llenos de amigos, y es verdad que los tienen porque se hablan a través del *chat*, pero en realidad están solos.

Es probable que estos adolescentes se encierren porque se sienten indefensos e inseguros. Incapaces de afrontar la realidad, porque se sienten solos, perseguidos, observados y cuestionados.

Es importante abrir un puente de comunicación con nuestros hijos, escuchar sin juzgar sus necesidades, permitir que exploren su identidad.

- Si el problema se te sale de las manos busca ayuda.

♥

♡ Acción positiva

Es natural que a veces estemos confundidos y no sepamos cómo enfrentar lo que nos sucede. La negatividad nos lleva a creer que no tenemos remedio. La actitud positiva nos enseña a actuar en lugar de simplemente reaccionar; a tomar las riendas de nuestras vidas, en lugar de dejarnos llevar por las circunstancias. Es importante hacer una revisión de nuestras creencias y reconocer nuestros verdaderos valores.

Al perdonar el pasado, nos liberamos, quitamos la carga emocional y el drama de los momentos difíciles.

Elegir quitar el pensamiento fatalista de nuestros planes presentes y futuros, nos da la claridad para ver la solución a los problemas y ser objetivos con la realidad.

- Una actitud positiva nos permite acumular fuerza interior y nos capacita para ser constructivos.

♥

♡ Cambio de percepción

En ocasiones atravesamos por momentos difíciles y nos creemos sin recursos para enfrentarlos; sin embargo, cuando cambiamos el enfoque, nuestro potencial para superar la adversidad es ilimitado.

Por elección, podemos darnos por vencidos o aceptar lo que no podemos cambiar, aprender de lo vivido y comenzar a ver las cosas de otro modo.

La experiencia nos enseña que hay un motivo para todo, en unas ocasiones no comprendemos para qué suceden las cosas y en otras no queremos reconocer que es una consecuencia de nuestros actos.

Tenemos una gran fortaleza oculta. Si no existieran esos momentos difíciles no cambiaríamos y seguiríamos cometiendo los mismos errores.

- Cambiar nuestra percepción abre nuevos horizontes, nos obliga a tomar decisiones y a liberarnos del hábito de postergar.

♥

♡ Expresar las emociones

Vivir las emociones sin ocultarlas enriquece nuestras vidas. Fuimos educados en la creencia de que mostrar nuestro lado vulnerable es símbolo de debilidad, por ello no siempre resulta sencillo expresar las emociones.

Incluso, algunos prefieren esconderse para que no los vean llorar aun cuando la ocasión lo amerita.

La tristeza, el miedo, la ira, la alegría y el amor son emociones básicas que hay que sentir y expresar, si no lo hacemos tarde o temprano se manifestarán de alguna manera.

Al aceptar lo que sentimos adquirimos el entusiasmo necesario para seguir adelante, con la esperanza de poder enfrentarlo todo y a pesar de todo.

- Aunque el amor es la emoción más difícil de expresar, no te detengas y exprésalo con aquellos a quienes amas.

♥

♡ Vínculos tóxicos

Encontrar la plenitud, la felicidad y el bienestar es responsabilidad de cada persona. Quienes viven en frustración, envidian a todo aquel que parece ser feliz, tienen tal necesidad de descargar su enojo que disfrutan al generar problemas por donde pasan, ejercen el rol de víctimas, se quejan de la vida, pero no hacen nada por cambiar, haciendo del chisme y la maledicencia su deporte favorito.

Estar en medio de relaciones conflictivas provoca resentimiento, dolor, culpa y puede ser fuente de infelicidad. A veces es difícil alejarse de las personas negativas, porque forman parte de nuestra familia y las tenemos que frecuentar, pero es importante aprender a no involucrarse emocionalmente en las discusiones y poner límites adecuados.

- Es nuestro derecho vivir en bienestar.

♥

♡ ¡Voy a hacerlo!

El mundo está lleno de oportunidades para aquellos que desean salir adelante, personas que ven más allá de lo tangible y están dispuestas a correr el riesgo de tener éxito en la vida, a esforzarse, a ser mejores, a capacitarse, a tener excelencia, perseverancia y la disciplina que su proyecto requiere.

Los que no lo logran, viven llenos de justificaciones, piensan que todos tienen la culpa excepto ellos. Están instalados en la pereza, en la depresión esperando que alguien más les resuelva la vida. Dejan todo para después, envidian a quienes logran una meta. Más allá de los hechos reales, está la reacción que tenemos ante los eventos con base en nuestra percepción.

- ¡Sal de la zona de confort y disponte a ganar!

♥

♡ *Aceptación*

¿Has conocido a alguna persona que no acepta sus errores y siempre tiene una justificación para todo? ¿Te das cuenta que se equivocó, tratas de razonar con esa persona para que corrija, pero se mantiene en lo dicho y evade a través del enojo o culpándote de lo que sucede?

Sin embargo a algunos les resulta muy complicado porque les avergüenza decir "no sé" o "no quiero". Quien no acepta sus limitaciones se quita la oportunidad de desarrollar sus habilidades.

Los necios son personas que generan relaciones tóxicas. Nadie hace cambios internos a menos que lo decida por sí mismo o por las consecuencias de sus actos. Si convives con alguien así tienes dos caminos aceptarlo como es o alejarte.

- Recuerda que nadie nace sabiendo todo, así como tampoco existen las personas perfectas.

♥

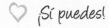 ## ¡Sí puedes!

Hay quienes abandonan sus sueños, no porque no tengan la capacidad para lograrlos, si no porque no saben cómo hacerlo.

Algunas personas eligen evadir la situación, diciendo que no quieren, que tienen otras prioridades, o se llenan de justificaciones en lugar de aceptar que tienen miedo al fracaso, al rechazo o al éxito.

Cuando elegimos aprender de nuestros errores, adquirimos la maestría para llegar a nuestras metas.

¿Cómo vamos a saber si podemos, cuando no lo intentamos? Quien pone el esfuerzo adecuado, se supera. Agradece lo que tienes ahora y continúa luchando con las herramientas que tengas disponibles. Respira profundo, un nuevo día, una nueva vida.

- ¿Qué quieres de la vida a partir de hoy? ¿Qué vas a hacer para lograrlo? ¡Está en tus manos!

♥

Disciplina y propósitos

Terminaron las fiestas para despedir el año, hoy tienes en la mano tus propósitos de año nuevo.

Si decidiste hacer cambios en tu vida, ¡felicidades! Quizá al principio tendrás que obligarte a cumplir con tu palabra, cuando empieces a ver los resultados, se convertirán en parte de tu vida. Si tus propósitos son realistas tan sólo requieres:

- Perseverancia, repetir una y otra vez la acción hasta que se convierta en un hábito.

- Motivación, ¿cuáles son las emociones que te mueven a desear cumplir tu propósito?
- Disciplina, estar a tiempo, cumplir con nuestras obligaciones en el momento adecuado.
- Ser feliz con lo que hacemos, no ver el compromiso como una carga, no molestarnos cuando nos piden algo, estar dispuestos a servir a otros.

♥

♡ Regresar a lo conocido

Cambiar nuestra forma de actuar nos lleva a aprender y a crecer como personas. Estamos acostumbrados a la rutina: nos levantamos a la misma hora, vamos al trabajo por el mismo camino, nos relacionamos con la misma gente y contamos las mismas historias.

Vivimos en un conjunto de creencias y acciones que nos resultan cómodas y nos ofrecen una aparente seguridad que termina por convertirse en una prisión autoimpuesta llena de aburrimiento y tedio.

Cada vez que sucede algo fuera de nuestros planes nos sentimos incómodos, es por ello que nos es tan difícil arriesgarnos a lo diferente.

- Quien realmente quiere alcanzar sus metas tiene que romper con sus hábitos, enfrentarse a sus miedos y hacer cosas que jamás pensó que haría.

♥

♡ Ser asertivo

Desde muy pequeños se nos enseñó a vivir con dobles mensajes, confusiones, mentiras, tareas inalcanzables y con un gran temor a ser auténticos. Nos enseñaron a crear los vínculos afectivos de forma condicionada, "si no haces lo que yo digo ya no te voy a querer".

Ser asertivo es vivir con convicción firme y recursos genuinos, mostrándonos tal como somos, con la seguridad y el aplomo que brinda la honestidad, permitiendo al otro decir lo suyo para aclarar las cosas que no entiende. Con derecho a ser independientes, a tener éxito, a expresar nuestra opinión, a decir "no" sin sentir culpa, a cometer errores sin que por ello se nos repruebe.

- Pocos son aquellos que se atreven a decir lo que piensan, sin tener temor al rechazo.

♥

♡ Consecuencias

No hay casualidades. Lo que vivimos ahora, tanto el éxito como el fracaso, son una consecuencia de nuestros actos del pasado. Así como somos responsables de lo que sucedió, podemos serlo de transformar nuestras vidas.

Cuántos años llevas quejándote de la misma historia, de tu pareja, tus parientes, amigos, el gobierno, ¿no crees que sea momento de hacer las cosas de manera diferente? Culpar a otros de lo que nos sucede no nos acerca a ninguna solución. Nadie puede pretender agredir a otros y que lo amen profundamente, ni tener un desempeño mediocre y que se le aplauda por ello, o ser egoísta y que los demás sean generosos.

- ¿Qué puedes hacer el día de hoy que sea diferente?
- ¿Cómo puedes dar más de ti?

♥

♡ Personalidad narcisista

¿Conoces a alguien que se crea enormemente importante, por encima de cualquier persona, incluida su pareja o amistades?, ¿alguien que tenga la necesidad de aprobación, admiración, ser atendido y amado por encima de todo en esta vida?, ¿que guste de ser el centro de atención, además de que espera que quienes lo rodean vivan para cumplir sus deseos y darle un trato especial como perdonar sus deudas?

El narcisista piensa que el universo entero gira alrededor de él, es la manifestación del egoísmo, todo esto generado por sentimientos de inferioridad y autodesprecio, vive autoevaluándose y comparándose con otros.

- Aprender a aceptarnos, respetarnos y amarnos como somos, tener una autoestima equilibrada y ponernos en los zapatos de otros hará la diferencia.

♥

♡ Crítico interior

Todos contamos con una pequeña vocecilla interna cuya función principal es la de protegernos, sin embargo, cuando se nos descalifica constantemente durante nuestra infancia y adolescencia, esto se convierte en un duro crítico interior, dispuesto a señalar todas nuestras debilidades, si no le ponemos un alto afecta el autoestima.

"Siempre te equivocas", "tenías que ser tú", "eres una persona terrible", "no sirves para nada". El origen de esta voz está en el deseo de aceptación. Nadie es tan bueno o tan malo, ¡deja de juzgarte tan severamente!, y convierte a ese crítico en un guía hacia tu crecimiento y plenitud. Aprende a aceptarte tal cual eres. No te compares. No te devalúes. Valora tus talentos y logros.

- Haz tu mejor esfuerzo y trata de dar lo mejor de ti.

♥

♡ Dormir bien

Levantarnos regularmente con sueño después de no haber podido descansar en toda la noche es una clara muestra de que algo no anda bien.

El sueño y la salud están estrechamente ligados. Las enfermedades cardiovasculares, respiratorias o metabólicas así como el dolor crónico y la depresión, pueden provenir de los trastornos de sueño.

Mientras dormimos, la información recibida al estar despiertos es recordada, para ser almacenada o descartada. Además, permitirnos dormir las horas que necesitamos, nos ayuda a recuperarnos mental y físicamente de las actividades del día.

Para dormir bien es importante:

- Aprender a relajarnos.
- No hacer ejercicio antes de ir a la cama.
- No tomar cafeína por la noche.

- Cenar de forma moderada.
- No pensar en los problemas cotidianos.
- Levantarse y dormir siempre a la misma hora.

♥

♡

Un abrazo al corazón, de Adriana Páramo Moguel,
se terminó de imprimir y encuadernar en abril de 2012
en Quad/Graphics Querétaro, S.A. de C.V.
lote 37, fraccionamiento Agro-Industrial La Cruz
Villa del Marqués, QT-762040